U0868275

岳麓書社

读名著　选岳麓

古典名著普及文库

人物志

柏　原　导读 注译

岳麓書社・长沙

出版说明

中国古典名著是中华优秀传统文化的重要载体，今天人们要学习传统文化，如果说有所谓捷径可寻，那恐怕就是直接阅读古典名著了。长期以来，为大众读者出版古典名著的普及读物一直是本社的重要使命。约三十年前，我们便出版了“古典名著普及文库”，收书五十余种，七十余册，蔚为大观。这套书命名为“普及”，首先是因为采用了简体字横排的排版方式。当时的古典名著图书，以未经整理的影印本和繁体竖排本居多，大众读者阅读有障碍，故本文库的推出，确有普及之效。其次，我们提出要让读者“以最少的钱买最好的书”，定价远低于当时同类型品种。基于此，这套“普及文库”迅速流向读者的书架，销量极大，功在普及不浅。

当年这套书，所收各书都是文言文全本，无注释，不翻译，对于今天的大众读者来说，已经很难起到普及作用了。而且，读者如果仅仅出于品鉴、入门的需要，也无须通读大部头的全本古籍。因而，我们推出这套全新的“古典名著普及文库”，在选目上广泛听取国内名校学者们的建议，收录经、史、子、集四部之中第一流的名著一百余种，邀请学有专攻的学者精心注释、翻译，并加以导读。篇幅大的经典，精选菁华，篇幅适中的出版全本，个别篇幅小的，则将主题相近的品种合刊为一册。

我们希望有更多的人能够买得起、读得懂中国的古典名著，接受中华优秀传统文化的滋养。这一套轻松好读又严谨可靠的普及文库，便是我们努力实践这一理念的结果。

前言

自古以来，中国人便有一个根深蒂固的观念：人才决定国家的治乱兴衰。这是与儒家思想长期居于统治地位密切相关的。孔子讲："其人存，则其政举；其人亡，则其政息。……故为政在人。"（《礼记·中庸》）注重儒治的唐太宗李世民也说："为政之要，惟在得人，用非其才，必难致治。"（《贞观政要》卷七《崇儒学》）人们可以不同意这个观点，但不能否认这个观点的普遍存在。因此，中国历来也就注重研究人才。关于人才的论述遍见于经史子集。然而奇怪的是，关于人才的专著却很罕见。可能本来是有不少的，只是由于种种缘故未能流传下来。据考订，仅汉魏之际评论人物的著作就有近十种，而流传至今的却只有一种，这就是三国时代魏人刘劭著的《人物志》，其余的都已湮没无闻。

不过，《人物志》最可贵之处还不在这里。更重要的是，它是一个时代评论和探讨人才的代表作，它还反映了当时学术思想的大变迁。

东汉末年，大约当桓帝、灵帝之时，在知识分子中兴起了品评人物的风气。当时太学生三万余人，以大名士郭泰、贾彪为首领，公开评论朝政，褒贬人物。在他们的倡导下，州郡官学的学生、私门弟子和地方的名士，也展开同样的活动。这样，从京师到地方的学生、名士和部分称为鲠直派的官员，便形成了一个庞大的士人集团。这些人给他们认为最优秀的人物褒以种种称号。如陈蕃、窦武、刘淑号为"三君"，即士人的三位首领；李膺等八人号为"八俊"，即八位俊杰；郭泰、范滂等八人号为"八顾"，即八位德行高尚之士；等等。地方士人也评出本地的几“俊”几“顾”之类的优秀人物。对于把持朝政、腐败贪残的宦官外戚及其党徒，士人集团则进行猛烈的攻击。被攻击的宦官外戚既恨他们又怕他们，时时准备着报仇雪恨。一些不属于主要攻击对象的官员，害怕受到士人集团的恶评，便尽力讨好他们，原有的不正之风也有所收敛。

从东汉末年兴起的这种品评人物之风，延续到魏晋，大约流行了百年之久。在中国历史上，这可算是个独特的现象。这种现象之所以发生，主要的有以下两方面的原因。

其一是和当时的政治状况有关。东汉末年的政治十分混乱。从汉安帝起，连续四个皇帝都是年幼继位，先后由六个皇太后临朝执政。这些皇太后自然要依靠宦官外戚掌握政权。宦官外戚中的大多数人本无德才，更不懂得如何治理国家。只是凭借和皇帝的贴身关系和裙带关系，得以执掌大权，他们唯一关心的是抓住权力和谋取私利。因此，他们必然排斥贤良，任人唯亲，把自己的父兄子弟亲族都委以重任，网罗一班贪图势利的小人作为羽翼，控制从中央到地方的政权。他们的所作所为无非是祸国殃民，贪污腐败。宦官外戚又争权夺利，互相残杀。无论他们谁胜谁败，谁掌权，谁失势，一律是百姓遭殃。

广大的知识分子和一些鲠直的官员，既不满意宦官外戚的胡作非为，又不满意他们任人唯亲，阻塞了自己仕进的道路，便团结起来进行舆论的抨击。舆论的一项重要内容就是：“激扬名声，互相题拂；品核公卿，裁量执政。”（《后汉书·党锢传序》）封建统治秩序并不严密，存在着一些漏洞，因而一定程度的“言论自由”乘隙而起，公开评论朝政，褒贬权贵人物，得以畅行一时。后来，这些知识分子为这点“自由”付出了巨大的代价。他们遭到朝廷残酷的镇压，被抓的抓，杀的杀，关的关，或被宣布禁锢终身，不得做官。这就是历史上有名的“党锢之祸”。

其二是和当时选拔官吏的制度有关。汉代选官的制度名为察举和征辟。察举就是由地方（州郡）以“贤良”“孝廉”“秀才”等名目，把有名望、有德行的人才推荐给中央，经过考核，任以官职。征辟是由朝廷、地方官府直接进行征聘。名望和德行首先来自乡里的评论，所以舆论起着很大的作用。官方的察举和征辟，加上民间品评人物的活动，起过一定的好作用，它鼓励士人注重操行，洁身自好，接受舆论的监督。但是，由于政治的腐败黑暗，特权、贿赂、请托的污弊越来越严重，士人沽名钓誉的现象也随着产生，造成了“选举乖实”的结果。当时民间流传一首民谣，讽刺这种丑态：

“举秀才，不知书；察孝廉，父别居。寒素清白浊如泥，高第良将怯如鸡。”（《抱朴子·审举》）

曹魏时代，改行九品中正制度。办法是：郡邑设小中正之官，州设大中正。小中正把所属地方的人才品评为九等（上上、上中、上下、中上、中中、中下、下上、下中、下下），报告大中正。大中正再核实，上报中央政府的司徒，司徒再核，然后送交尚书选用。人才分为九等，标准就很难定，担任中正之官的人，不可能个个公正无私又有知人之明，特别是当时门阀制度森严，真正的人才得不到平等的对待。这种制度施行的结果，也是流弊丛生，造成“上品无寒门，下品无世族”的歪曲现象。无论是察举和征辟，还是九品中正制，官方都要品评人才。民间呢，由于这事关系着广大知识分子及其亲族乡党的切身利益，“有名者入青云，无闻者委沟渠”，自然也十分关心。所以，官方评人物，民间也要评人物。这就是品评人物成为社会风习的又一重大原因。

品评人物既成为社会普遍关心又广泛开展的一项重要活动，又长期持续地进行着，必然产生不少的问题和争论，以及不少的经验和教训。这时，需要有人把它们集中起来加以研究，提升为理论，著述成文章。刘劭就是顺应时代需要做了这样一项工作。在他之前和同时可能有不少人做了同样的事，但现在已无法查考了。已故的当代哲学家汤用彤先生指出：

“《人物志》者，为汉代品鉴风气之结果。其所采观人之法，所分人物名目，所论问题，必均有所本。惜今不可详考。”（《魏晋玄学

论稿》)

现在介绍一下《人物志》作者刘劭。

刘劭，字孔才，广平邯郸（今属河北）人。《三国志·魏书·刘劭传》对他的家世及早年事迹没有记载。推算起来，他大约生于东汉灵帝建宁年间（168—172），卒于魏正始年间（240—249）。先后在曹氏四世（曹操、曹丕、曹叡、曹芳）当政时做过官。汉献帝建安年间（196—220），他初入仕途，在郡中当一名计吏的小官。掌管登记人事、账目之事。有一年，他来到首都，向朝廷呈送计簿。这时候发生了一件大事，使刘劭有机会崭露头角。缘因掌管天文、历法的太史向朝廷报告：新年正月初一将发生日蚀。总管政务的尚书令荀彧召集了几十位官员，商议该采取什么措施。因为古时候的人讲迷信，把自然界的灾变和异常现象，看作上天对人的警告和惩罚。一旦出现灾异，朝廷必然采取一些措施，表示敬畏和悔罪。这天参加会议的人多主张取消元旦朝见皇帝的大典。刘劭也参加了这次会议。他引经据典，证明古代良史也有推算错误的先例，不赞成取消朝礼。荀彧采纳了他的意见，决定朝会照常举行。结果正月初一那天没有发生日蚀。刘劭从此名声大噪是可以想见的。特别是荀彧这个人，不但官职很高，而且素以多谋与识人见称，又是曹操所倚重的头号谋士，他必然格外赏识刘劭。刘劭不久就从地方调到中央，先后任太子舍人、秘书郎、尚书郎、散骑侍郎。魏明帝时，他一度出任陈留太守，施政注重教化，为百姓所称道。

刘劭博学多才。曹丕在位时，他受诏集五经群书，分门别类，编成《皇览》一书，供皇帝阅读。他善写文章，作论文析理深辟，作辞赋文藻富丽。他作过一篇《赵都赋》。魏明帝曹叡是很喜欢文章的，看了以后大加赞美，命他继续作《许都赋》《洛都赋》。他对书法也很精通，曾写一篇《飞白书势》的论文。刘劭还向皇帝建议“宜制礼作乐，以移风俗”。为此著《乐论》十四篇，可见他又通晓音乐。他常参议国家军政大事，多次提出与众不同的意见，为皇帝采纳，后来证明他的意见是正确的，说明他又长于谋略。不过，刘劭最大的特长是法律和人事，他精通古代法律制度，曾受命“与议郎庾嶷、荀诜等定科令”，作《新律》十八篇，并著有《律略论》《法论》等。魏明帝末年，他又受诏作《都官考课》七十二条，并作《说略》一篇，为魏国建立了考核官吏的制度。由以上可以推测，即使在人才济济的曹魏群臣中，刘劭也是一个出类拔萃的人物。所以，当曹叡下令求贤时，散骑侍郎夏侯惠便上表推荐刘劭，对他作了很高的评价。他说：“以为若此人者，宜辅翼机事，纳谋帏幄，当与国道俱隆，非世俗所常有也。”（《三国志·魏书·刘劭传》）曹叡三十六岁早死，齐王曹芳即位，这时朝政大权已由司马氏掌握。刘劭为曹氏老臣，自然不受重用，转而专门“执经讲学”，赐爵关内侯。死后，追赠光禄勋。《刘劭传》说他：“凡所撰述，《法论》《人物志》之类百余篇。”现存的除了《人物志》以外，还有若干散篇收入《全三国文》。

汉末品评人物的活动，经过长期进行，需要加以总结，品评中提出了一些原则性问题需要解答，而刘劭这个人，以他的学识、才能、地位、专业和工作经历，正适合担当这项任务，于是产生了《人物志》。《人物志》全书十二篇，论述了有关人才的十二个问题。这些问题，在刘劭之前，还没有人这样全面深入地探讨过。不过，《人物志》主要的内容，是讨论两个大问题：一个是识别人才的原则和标准；一个是识别人才的方法。

识别人才的原则和标准是什么？标准如果不是一项，而是有几项，那么，它们之间的关系如何？这个最基本的问题是品评人物当中必然要提出来的。汉末品评的对象是具体的人物，到了魏晋便产生了所谓“才性之争”，也就是品评人物的标准之争。“才”，指才能。“性”，指人的内在品质（实即德性）。衡量人才的最基本的标准无非是才和性，或曰才和德。二者的关系如何？怎样对待？在实际品评人物的时候，常常碰到二者的矛盾：

“士或明哲穷理，或志行笃纯，二者不可兼，圣人将何取？”（徐幹《中论·智行》）

“苟有才智，而行不善，则可取乎？”（同上）

换句话说，一个人才能高，而品行不好；或者一个人品行好，而才能不高，这样的人可以作为人才选用吗？

魏晋之际在才性问题的争论中分为四派：尚书傅嘏主张才性同，中书令李丰主张才性异，侍郎钟会主张才性合，屯骑校尉王广主张才性离。刘劭也是参加才性之争的代表人物之一。钟会总结了这场学术讨论，写了一本书名为《四本论》。这本书失传了，四派如何阐明各自的观点，现在不得而知。

虽是学术讨论，却与政治立场和政治观点有密切的关系。汉末品评人物的主要标准是名节，也就是德行。“党锢之祸”中的党人很注重名节，他们以“清流”自命，称宦官外戚及其党羽为“浊流”。注重名节是好的，但是，讲得过分了，也有弊病。正如鲁迅先生说的：

“不过讲‘清’讲得太过，便成固执，所以在汉末，清流的举动有时便非常可笑了。”（《鲁迅全集》第三卷《魏晋风度及文章与药及酒之关系》）

过于固执的人出来治国平天下，也是办不成大事的。汉末天下大乱，群雄割据，民不聊生，曹操有志平定天下，就提出“唯才是举”，把才作为选拔人才的主要标准。曹操在《求贤令》中说：“夫有行之士，未必能进取；进取之士，未必能有行也。”他所重视的是“能进取”，至于名誉节操则不计较，他明确宣布：“负污辱之名，见笑之行，或不仁不孝而有治国用兵之术，其各举所知，勿有所遗。”（《曹操集》）可见他以为“才”和“性”可以不相符合，可以取其“才”而不问其“性”。曹氏集团的才性观点就是从曹操来的，也就是主张才性异和才性离的。到了魏末，政归司马氏。司马氏准备篡位，便强调“以孝治天下”，拿道德为幌子，欺世盗名，以示比曹魏高尚。傅嘏、钟会属于司马氏集团，主张才性同与才性合。李丰、王广属曹氏集团，后为司马氏所杀，他们主张才性异与才性离。

刘劭对于才性关系是怎样看呢？

燕国材教授在所著《汉魏六朝心理思想研究》中分析，刘劭认为才性这两种因素既可分离，也可结合。我赞成他的分析。有的人只在道德品质方面得到较高的发展，刘劭称之为兼德。有的人只在才能的某一方面得到较高的发展，称为偏材。这两种人就是才与性离。还有人德才兼备，称为兼材。这种人就是才与性合。不过刘劭总的倾向是注重才性相合的。从他对于英雄的论述中，可以清楚地看出这一点。刘劭认为："聪明秀出谓之英，胆力过人谓之雄。"英雄必须兼备"聪明秀出"和"胆力过人"这两方面的特点。即使是"英"型的人才或"雄"型的人才，也必须兼具这两种特点，不过成分的多少不同而已。而且这两种人才必须结合，才能"各济其所长"。

我想补充一点，就是刘劭特别强调智能的重要性。在本书《英雄第八》中，他写道："然英之分以（宜）多于雄，而英不可以少也。"在《人物志》的《自序》中，开头一句话就是："夫圣贤之所美，莫美乎聪明。"聪明就是智能。作者在本书中，按才性高低把人物分为五等，最高的是圣人。而圣人最美的材质又是智能。在本书《八观第九》中，作者论德才的关系，更肯定地说："智者，德之帅也。"才智是紧密相连的。他的论断和宋代司马光的德才观截然相反。司马光在《资治通鉴》卷一中就智伯的覆亡发表评论说：

"夫聪察强毅之谓才，正直中和之谓德。才者，德之资也；德者，才之帅也。"

司马光是正统的儒家。他的德才观是典型的儒家思想。刘劭的思想则杂糅儒、道、名、法各家，所以有此差异。另外，刘劭历事曹魏四世，晚年又当司马氏专政之时，曹氏和司马氏都很猜忌，当时名士因言语态度不慎而杀身的不在少数。士大夫怕惹祸，便谨言慎行，注意"明哲保身"。《人物志》处处反映了这种思想，最后一篇《释争第十二》还专门论说了谦让无争的大道理。刘劭的才性观点也可能受政治势力的影响，难免有牵此就彼的倾向。

《人物志》探讨的第二个大问题是如何鉴别人才。

人才是很复杂的认识对象。"人物精微,能神而明,其道甚难。"(本书《效难第十一》)人才是否可知？这是个前提。《人物志》对此作了肯定的回答：人才难知，然而人才是可知的。本书开章第一篇《九征第一》就从理论上阐明了这个论断。作者从人的本原说起。他认为，人是由物质（元一、阴阳、五行）构成的。构成人体的物质决定了一个人的内在品质，内在的品质必然表现于外形。因此，根据人的外形表现，就可以观察到他内在的品质。《四库提要》概括本书的基本内容说：

"其书主于论辨人才，以外见之符，验内藏之器，分别流品，研析疑似……"

所谓"外见之符",《人物志》归结为"九征", 即神、精、筋、骨、气、色、仪、容、言这九种外部表现。通过这九个窗口可以深入了解人的内在品质。这就是作者提出的识别人才的基本原理和基本方法。

刘劭之前的古人研究人才，也研究过这样那样的观察人的方法。这些方法有些是符合科学道理的,有些则带有神秘主义的色彩。例如,"九征"中的"骨"，就来自古代的骨相法。古代人很相信骨相。蒯通劝说韩信反叛刘邦，就从相人之术说起。他说："贵贱在于骨法，忧喜在于容色，成败在于决断，以此参之，万不失一。"(《史记·淮阴侯列传》)东汉大思想家王充是个无神论者，他的名著《论衡》中就有一篇是专论骨相的，名为《骨相篇》。文章从黄帝说起列举了历代许许多多大名人，说他们都生有异相。早年相工给他们看相，预言各人富贵贫贱吉凶祸福的命运，后来都应验了。王充于是论断说：

"故知命之工，察骨体之证，睹富贵贫贱，犹人见盘盂之器，知所设用也。"

"非徒富贵贫贱有骨体也，而操行清浊，亦有法理，贵贱贫富，命也……"

人的相貌形体跟人的性格等心理要素有一定的联系,这是可信的,说它能决定人一生的富贵贫贱吉凶祸福，这就太神秘了。所以，对于古人包括刘劭在内介绍的观察人的方法，也要加以分析，而后决定取舍。

作者又论述了人才的难知。“难”存在于主观和客观两个方面。主观方面即观察者自身容易犯一些错误，如“七缪”。又如“各自立度，以相观采”。人们按自己的偏好订出观人的标准，去观察人物，结果“其得者少，所失者多”。客观方面即被观察者，有表里不一的，有似是而非的，很难识察内在的真情。例如，我们以言辞观人，就会遇到“七似”的复杂情况。注意人才难知的一面，可以促使人们更好地掌握观人的方法。

刘劭按照自己的理论，综合前人的经验，提出了一套鉴别人才的方法，名之为“八观”和“五视”。历代论人才的，提出过各种各样鉴别人的方法，例如：

孔子说：“视其所以，观其所由，察其所安。人焉廋哉？人焉廋哉？”（《论语·为政》）教人从所作所为去观察人。

孟子说：“存乎人者，莫良于眸子。眸子不能掩其恶。胸中正，则眸子瞭焉，胸中不正，则眸子眊焉。听其言也，观其眸子，人焉廋哉？”（《孟子·离娄上》）认为眼能传神，可以从眼神察知内心。刘劭说：“征神见貌，则情发于目。”是同一个意思。

《太公六韬》提出“八征”观人法。

《逸周书》提出“六征”观人法。

《吕氏春秋》提出“八观”“六验”“六戚”“四隐”观人法。

与刘劭同时的诸葛亮提出“七观”法。

…………

刘劭综合前人的观人之法，加以提炼与深化，形成“八观”“五视”，似乎更加全面，更适用于复杂的人才对象。“八观”分别从人的行为表现，从人的言辞旨趣以及对人事的反应，从人物的名声和实际，从行为的表里和依似，从对人对事的情感反应，从才性的短长，从智力的高下等不同的视角去观察人物，比那“各自立度，以相观采”的做法自然可靠得多了。“五视”出自战国时李克答魏文侯问（见《史记·魏世家》），刘劭略加修改。这个方法是从人物处在不同地位的表现来判断他的品质。现代心理学的研究方法，主要有观察法、实验法、评价法，《人物志》差不多都涉及了。在一千多年前有如此广阔的视野，是很了不起的。

在这里，再谈谈刘劭思想的源流，对于阅读本书可能是有用的。

战国时期，学术上出现了诸子驰说、百家争鸣的局面，儒家和墨家并称显学。秦始皇焚书坑儒，儒家为首遭受镇压，各家也销声匿迹。西汉初期，黄老之学盛行，统治者以“清静无为”治国。黄老之学的特点是道、法结合，主张恩威并施以巩固政权。这时儒家与其他各家的士人也乘时而起，在诸侯王国间游说，寻求出路。《淮南子》一书便是淮南王刘安招集百家游士撰写的论文集，百家遗说在书中都有所反映。吴楚七国之乱平定以后，政治上统一了，汉武帝进一步实行学术思想上的统一。他罢黜百家，独尊儒术，立太学，授五经，儒学成为士人进入仕途的必经之路。从此，儒家思想成为官方的统治思想，一直保持到东汉。不过，这时的儒学经过董仲舒的加工改造，变为以儒学为基础的“霸（黄老刑名）、王（儒）道杂之”的新儒学了。

东汉末，天下大乱，汉王朝的统治名存实亡，儒家在思想上的地位也随着衰落。三国时期，魏国受曹操好法术、重刑典的影响，实行法家政治。蜀汉的诸葛亮实行法治更是政绩卓著，名闻当时。孙吴重施刑罚，离儒家的德治更远。尽管如此，儒家的思想由于在社会上影响很深，仍保持着主要的地位，但已出现了儒、道、名、法各家竞起与合流的趋势。魏文帝时，选官改行九品中正法。士人做官可以依靠门第，不必凭借儒经和礼法，儒学更加不受重视。代之而起的是以旷达放荡为特征的老庄之学，儒道融合又发展为玄学，玄学遂成为魏晋时期占统治地位的思潮。

刘劭正处于儒学衰微、各家竞起合流、玄学统治的过渡时代。从《人物志》上可以看到这种演变的迹象。《人物志》以儒家思想为主是非常明显的，书里到处引用孔孟之教以为论据。刘劭叙人物高下，把圣人列为头等，而圣人的至德又是中庸之德。“中立而不倚”的中庸思想，正是贯注孔子全部学说的主干，是孔子视为至高无上的美德。不过，刘劭解释中庸之德，却是用了老子的学说。“夫中庸之德，其质无名。”“凡人之质量，中和最贵矣。”这都反映出当时融合儒、道的趋势。《人物志》尊老子的趋向也极明显。论君道，它主张无为而治；论立身处世，它主张退让不争，奉老子“贵柔守雌”之道。法家与名家关系极为密切，都主张循名责实或考课核实。刘劭对法律制度不但有精深的研究，而且曾为魏定科令、作《新律》，订《都官考课》七十二条，法家、名家的学说，在他身上是理论与实践相结合的。在《人物志》中论人才的鉴别及立论的方法，都体现了考课核实的原则。《材能第五》驳“人材有能大而不能小”之说表现得最为清楚。其他篇中还谈到“名由口进，而实从事退”，“名由众进，而实从事章”。总之，《人物志》确实反映了杂糅各家的趋势。杂糅各家和百家争鸣都是学术进步的表现，是人们思想解放、思想活跃的表现。从这个意义上讲，《人物志》在学术上的价值也是不小的。汤用彤先生写道：

“按汉魏之际，中国学术起甚大变化。当时人著述，存者甚少。吾人读此书，于当世思想之内容，学问之变迁，颇可知其崖略，亦可贵矣。”(《魏晋玄学论稿》)

《人物志》自从成书以后，南北朝时凉国人刘昞为它作过注释，唐代刘知幾的《史通·自叙》及李卫公《穷愁志》曾提到它，此外，似乎没有引起太多的注意。宋代阮逸对这本书评价颇高，在刊印时写了一篇序，表示惋惜。序言说：“由魏至宋历数百载，其用尚晦而鲜有知者。”可见它虽然有幸被保存下来了，却被长期埋没。

1937年美国人把《人物志》编译成一本书，题名《人类能力的研究》，在美国东方学社出版。1955年中国文学古籍刊行社根据上海涵芬楼影印的明正德刊本重印，由任继愈先生断句，又改正了原本的一些显著的错误，以后多年未再出版。我译注所用的就是这个断句本，顺便改为标点并改为简体字。

《人物志》确是一部宝贵的古籍。在到处开展人才学研究的今天，一项必不可少的重要工作，就是研究和整理古代有关人才的思想遗产，因此《人物志》是不可不读的。不过，原文很古奥，许多词语的意义与来源隐晦不明，有些年轻的读者阅读起来可能很费力，甚至望而却步。译者不揣学识浅陋，有心为读者做一点疏通文字的辅助工作。凡疑难之处，尽力加以开掘。个别地方实在无能为力，就暂时留着，以待明师。但是，自以为已经疏通了的地方，仍不免有许多错误，欢迎读者指正。

本书在译注过程中，得到湖南图书馆王启山同志、中共湖南省委组织部杨敬东、张安英等同志热情帮助，谨表谢忱。

柏　原

目 录

附录

自　序

魏散骑常侍刘劭撰

凉儒林祭酒刘昞注

原文

夫圣贤之所美，莫美乎聪明。天以三光著其象，人以聪明邵其度。聪明之所贵，莫贵乎知人。聪于书计者，六艺之一术。明于人物者，官材之总司。知人诚智，则众材得其序，而庶绩之业兴矣。是以圣人著爻象[1]，则立君子小人之辞[2]。君子者小人之师，小人者君子之资。师资相成，其来尚矣。叙《诗》志，则别风俗雅正之业。[3]九土殊风，五方异俗。是以圣人立其教不易其方，制其政不改其俗。制礼乐，则考六艺[4]祗庸[5]之德。虽不易其方，常以诗礼为首；虽不改其俗，常以孝友为本。躬南面[6]，则援俊逸辅相之材。皆所以达众善，而成天功[7]也。继天成物，其任至重。故求贤举善，常若不及。

译文

圣贤最美好之处莫过于他们的聪明。聪明的可贵，贵在能够知人，如果能够真正识别人，那么一切人才都可以得到适当的职位，各项事业就会兴旺发达起来。因此，古代圣人制作爻象时，对于君子和小人就有不同的说法。阐明《诗经》的意义，就区分了风俗和雅正的不同功用。制礼作乐，推行教育，就要考察六艺和恭敬守常之德。主宰天下，就要选拔可以辅佐大业的良材。所有这些，都是为了充分发挥一切贤良的作用，完成天定的功业。

注释

1 **圣人著爻象：**爻，中国古代占卜吉凶用的基本符号，有阳爻和阴爻两种。阳爻以“⚊”表示，阴爻以“⚋”表示。三爻合成一卦，共组合成为八卦。即：乾卦“☰”，坤卦“☷”，震卦“☳”，艮卦“☶”，离卦“☲”，坎卦“☵”，兑卦“☱”，巽卦“☴”。每卦代表同一属性的若干事物。八卦再相互组合成为六十四卦。古人用不同的卦说明万物的各种相互关系，并得出吉凶的判断。象，象征。《周易》是古代占卜吉凶的书，它用卦爻符号象征自然变化和人事吉凶休咎。《周易·系辞下》：“是故易者象也。象也者像也。”古代传说，八卦是人类始祖伏羲氏制作的。所以本书说“圣人著爻象”。

2 **则立君子小人之辞：**君子，西周、春秋时对贵族的通称。小人，则指庶民。《国语·鲁语》：“君子务治而小人务力。”春秋末年以后，“君子”与“小人”逐渐成为“有德者”和“无德者”的称谓。《易经》上，凡是好的都归于“君子”，凡是坏的都归于“小人”。

3 **叙《诗》志，则别风俗雅正之业：**《诗经》是我国最早的一部诗歌总集。孔子整理编订“六经”，其中包括《诗经》。当然，他是以儒家的思想去整理的。儒家对诗的观点，是“诗言志，歌永言”（《尚书·舜典》）。“志”指儒家的政治、教育的要求。因此，要求诗歌要“发乎情，止乎礼义”（《毛诗序》）。《诗经》收诗歌三百零五篇，分为风、雅、颂三大类。“风”是周代各国的民歌。“雅”是周王直接统治地区的乐曲，主要为贵族的作品。“颂”是各国统治者用于宗庙祭祀的乐歌。孔子整理《诗经》的一部分工作，就是在篇章上作了调整，使风、雅、颂各归其类。风，反映了地方民俗。雅，有正的意思，被视为正声。因此，后世儒者认为孔子整理《诗经》，作了区分“风俗”和“雅正”两种诗乐的工作，刘劭也是这样认为的。

4 **六艺：**古时有两种含义。一是指贵族必须学的六种技艺，即：礼、乐、射、御、书、数。一是指贵族必须学的六种典籍，即：《诗》《书》《礼》《乐》《易》《春秋》。前者是初级课程，后者是高级课程。周代的贵族子弟，八岁入小学，学习礼节、音乐、射箭、驾车、认字写字、算术等六种技艺。成年以后就入大学，学习《诗》《书》《礼》《乐》《易》《春秋》六种典籍。这样，使贵族子弟掌握基本的知识技能，提高其道德修养。最终的目的是培养周王朝需要的治国人才。

5 **祗庸：**祗(zhī)，恭敬。庸，有常。"祗庸"出于《周礼·春官》："以乐德教国子：中、和、祗、庸、孝、友。"郑玄注："中，犹忠也。和，刚柔适也。祗，敬。庸，有常也。善父母曰孝。善兄弟曰友。"

6 **躬南面：**即身居帝王之位。躬，亲身。南面，古人以为坐北朝南的位置是尊贵的位置。所以帝王和其他尊贵的人总是面向南方而坐，也称居帝王之位为"南面"。《周易·说卦》："圣人南面而听天下，向明而治。"

7 **天功：**同"天工"，指天的职司，上天要完成的功业。古代人以为天是万事万物的主宰，他的职司和意志由人去完成了，就叫做成天功。

原文

天功既成，则并受名誉。忠臣竭力而效能，明君得贤而高枕。上下忠爱，谤毁何从生哉。是以尧以克明俊德[1]为称。舜以登庸二八[2]为功。汤以拔有莘之贤[3]为名。文王以举渭滨之叟[4]为贵。由此论之，圣人兴德，孰不劳聪明于求人，获安逸于任使者哉？采士饭牛，秦穆所以霸西戎。一则仲父，齐桓所以成九合。

译文

天功告成，明君贤臣都受到世人的赞颂。所以，唐尧以能明扬大德著名。虞舜以当国二十八年建功。商汤以拔擢有莘氏贤士伊尹扬名。周文王以起用那渭河钓鱼的老人受人敬仰。由此说来，圣人成就大业，没有哪一个不是费尽心力去寻求人才，而在任用贤能之后可以大放宽心的。

注释

1 **克明俊德：**《尚书·尧典》："克明俊德，以亲九族。"能够明扬大德，使九族亲睦。

2 **登庸二八：**登庸，即皇帝在位。舜帝在位二十八年，故称"登庸二八"。

3 **有莘之贤:**指伊尹。商汤与有莘氏(居住今山东曹县北的部落)通婚,重用有莘氏的媵(yìng)臣(随嫁的陪臣)伊尹为相,势力强盛,后来灭夏朝,建立商王朝。伊尹成为古代著名的贤相。

4 **渭滨之叟:**指周代著名贤相姜尚。姜尚原来穷困,七十岁时在渭水河滨钓鱼,遇见周文王,被重用。后来辅佐文王之子武王伐商纣王,灭商。

原文

是故仲尼不试[1],无所援升。犹序门人以为四科[2],泛论众材以辨三等[3]。举德行为四科之首,叙生知为三等之上,明德行者道义之门,质志气者材智之根也。又叹中庸,以殊圣人之德。[4]中庸之德其至矣乎,人鲜久矣,唯圣人能之也。尚德以劝庶几之论[5]。颜氏之子,其殆庶几乎?三月不违仁,乃窥德行之门。若非志士仁人,希迈之性,日月至焉者,岂能终之。

译文

孔夫子没有被列国诸侯所任用,他无法去拔擢什么人才。可是,他还是很重视人才的,他曾把门徒分为四科,分别加以培养。又把人才划为三等,加以研究。他曾感叹只有圣人能坚持中庸之德,而一般人却做不到。为了提倡尚德,他鼓励所谓"庶几"之论。

注释

1 **仲尼不试:**孔子,名丘,字仲尼。试,任用。孔子周游列国,他的主张得不到各国君主的赞赏,因此没有被任用。

2 **序门人以为四科:**序,依次序排列。孔子的学生各有所长。《论语·先进》上列举了四个方面的代表,即:"德行:颜渊、闵子骞、冉伯牛、仲弓。言语:宰我、子贡。政事:冉有、季路。文学:子游、子夏。"后人因此称之为"四科"。刘劭在本文中说,孔子分别学生为四科,其实,在《论语》中看不出是谁的叙述。

3 **泛论众材以辨三等:**《论语·季氏》:"孔子曰:生而知之者上也,学而知之者次也;困而学之,又其次也;困而不学,民斯为下矣。"孔子把成才者分为三等:上等的生来就知道,次等的经过学习然后知道,再次等的是遇见了困难，再去学，然后知道。遇见了困难又不学习的，便是这最下等的人，也就是非人才。孔子说世上有“生而知之”的人，其实这样的人是没有的。

4 **叹中庸，以殊圣人之德：**这句话源于《论语·雍也》：“子曰：‘中庸之为德也，其至矣乎！民鲜久矣！’”中，就是不偏不倚，无过无不及。庸，就是平平常常。孔子把中庸的态度作为最高的道德标准，他感叹老百姓早已缺乏这种道德了。言外之意，唯有圣人坚持着中庸。《中庸》中言：“仲尼曰：‘君子中庸，小人反中庸。’”这是讲了后一种意思。按孔子的观点，圣人自然是君子，老百姓自然是小人。

5 **尚德以劝庶几之论：**尚德，高尚其德。庶几，差不多。句意本于《周易·系辞下》：“子曰：‘颜氏之子，其殆庶几乎，有不善未尝不知，知之未尝复行也。’”孔子说：颜回的学问道德大概差不多了吧，有错误就能发现，发现了就不再那样做。又《论语·先进》也有类似之论：“子曰：‘回也其庶乎。’”

原文

训六蔽，以戒偏材之失。[1]仁者爱物，蔽在无断；信者露诚，蔽在无隐，此偏材之常失也。思狂狷，以通拘抗之材。[2]或进趋于道义，或洁己而无为，在上者两顺其所能，则拘抗并用。疾悾悾而无信[3]，以明为似之难保。厚貌深情，圣人难之，听其言而观其所为，则似托不得逃矣。又曰：察其所安，观其所由，[4]以知居止之行[5]。言必契始以要终，行必睹初以求卒，则中外之情粗可观矣。人物之察也，如此其详。不详察则官材失其序，而庶政之业

译文

他提示“六蔽”，告诫门人注意偏材的失误。由于中庸之材难得，他希望得到狂者狷者，使拘抗两种人才并用。孔子最厌恶那种无知而不讲信用的人，以此表明，似是而非的人是骗不过他的。孔子还说：观察一个人，看他安于什么，不安于什么，再看他达到一定的目的所采用的方式方法如何，就能了解他平时的德行。圣人对于人物考察是多么的精细啊！因此，我遵照圣人的教导，大胆地来讨论人才问

荒矣。是以敢依圣训，志序人物，庶以补缀遗忘。惟博识君子裁览其义焉。

题，目的是补缀读者的遗忘，供博学多识的先生们参考。

注释

1 **训六蔽，以戒偏材之失：**六蔽，六种弊病。语本于《论语·阳货》上记述孔子教导学生子路的话："子曰：'由也，女闻六言六蔽也乎？'对曰：'未也'。'居！吾语女。好仁不好学，其蔽也愚；好知不好学，其蔽也荡；好信不好学，其蔽也贼；好直不好学，其蔽也绞；好勇不好学，其蔽也乱；好刚不好学，其蔽也狂。'"孔子教导子路，爱任何一种德行，都要同时爱好学问，不然的话，就会连带产生一种弊病。比如：好仁德的，如不好学问，其弊病就是容易受人愚弄；好聪明，如不好学问，其弊病就是流于放荡；好诚实，如不好学问，其弊病就是容易吃亏，害了自己；好直率，如不好学问，其弊病就是说话尖刻刺人；好勇敢，如不好学问，其弊病就是捣乱闯祸；好刚强，如不好学问，其弊病就是狂妄胡来。偏材就是偏于一面之材，和兼材是相对的，作者以为孔子举出"六蔽"，是告诫学生注意偏材的缺陷。

2 **思狂狷，以通拘抗之材：**语本于《论语·子路》："子曰：'不得中行而与之，必也狂狷乎！狂者进取，狷者有所不为也。'"孔子说：如果得不到言行合乎中庸的人做朋友，一定要交友的话，就交那狂者和狷者吧！狂者意进取，狷者洁身自爱，不肯做坏事。拘抗之材就是拘谨的人才和奋进的人才。作者认为得不到中庸之材，就退而求其次，选取狂者和狷者，将拘抗之材并用。

3 **疾悾悾而无信：**语本于《论语·泰伯》："子曰：'狂而不直，侗而不愿，悾悾而不信，吾不知之矣。'"侗(tóng)，幼稚无知。愿(yuàn)，老实。悾(kōng)，无知、诚恳。孔子说：狂妄而不直率，幼稚而不老实，无知而不讲信用，这种人我就不知道他是好人坏人了。孔子最憎恶似是而非的东西，认为它混淆了真假美丑。尤其是憎恶乡原，斥之为"德之贼也"。"同乎流俗，合乎污世，居之似忠信，行之似廉洁，众皆悦之，自以为是，而不

可与入尧舜之道，故曰：德之贼也。”（《孟子·尽心下》）

4 **察其所安，观其所由：**语本于《论语·为政》：“子曰：视其所以，观其所由，察其所安，人焉廋哉？人焉廋哉？”孔子说：考察一个人所结交的朋友，观察他为达到目的所采用的方法，了解他安心于什么，不安心于什么，那么这个人的真情实性怎么隐藏得住呢？

5 **居止之行：**平时的行为（德行）。

九征第一

人物性情志气不同，征神见貌，形验有九。

导读

作者根据中国古代的阴阳五行学说，认为人体是由一种原始物质元一(即元气)构成的。元一又分为阴阳、五行(即木、火、土、金、水)。阴阳确定人的情性，五行决定人的形体。人的情性，即内在的品质如何，在人的活动中会从外貌形容上表现出来。他概括出九种表现，即：神、精、筋、骨、气、色、仪、容、言，这就是所谓“九征”。因此，可以根据人物的外部表现，即九征，认识人物的内在情性；而人才的基本品质都是从情性来的。这就是作者关于人才的根本理论。作者所说的关于人体构造以及生理和心理的某些联系，虽缺乏科学根据，但是他的形神观基本上是唯物主义的，为鉴别人才提示了一条路线或方向。

原文

盖人物[1]之本，出乎情性[2]。性质禀之自然，情变由于染习。是以观人察物，当寻其性质也。**情性之理，甚微而玄，非圣人之察，其孰能究之哉！**知无形状，故常人不能睹，惟圣人目击而照之。**凡有血气[3]者，莫不含元一[4]以为质，**质不至则不能涉寒暑，历四时。**禀阴阳[5]以立性，**性资于阴阳，故刚柔之意别矣。**体五**

译文

人才最基本的东西是从情性发生出来的。情性的道理非常微妙而且深奥，除非有圣人的洞察力，否则有谁能够分辨得清楚呢？凡是有生命的东西，没有不是包涵元一作为体质，由阴阳二气决定其本性，依据五行而构行[6]而著形。骨劲筋柔，皆禀精于金木。苟有形质[7]，犹可即而求之。由气色外著，故相者得其情素也。

成其形体的。如果对构成的形体有所了解，就可以通过它们了解内在的情性。

注释

1 **人物**：即人才。《后汉书·许劭传》："好共核论乡党人物。"

2 **情性**：性，指人和物的自然质性，这里指的是人性。情，指人的感情，如喜怒哀乐，等等。关于人性以至人情善恶的问题，中国古代哲学家一直争论不休。不过，一般的人认为，有天然生成的人性存在，情是随着性来的。"凡情意心志者，皆性动之别名也。"（荀悦《申鉴·杂言》）作者在这里讲的"情性"，就是把二者看作一体的，简言之曰本性。

3 **血气**：这里指生命的意思。《左传·昭公十年》："凡有血气，皆有争心。"（凡是有生命的东西，都有一种竞争性。）

4 **元一**：也叫元气。中国古代哲学概念。指产生天地万物的原始物质，或指阴阳二气混沌未分的实体。《春秋繁露·重政》："故元者为万物之本，而人之元在焉。"《论衡·言毒》："万物之生，皆禀元气。"

5 **阴阳**：阴的本义是云覆盖着太阳，阳的本义是日出。引申为暗和明，寒和暖，表和里等相反的事物和现象。例如，天为阳，地为阴；男为阳，女为阴；刚为阳，柔为阴；动为阳，静为阴，依此类推。中国古代哲学家看到自然界一切现象都有正反两面，就用阴阳的概念来表示这种现象，并认为产生天地万物的原始物质"元一"进一步分解为阴阳二气，它们推动着宇宙万物的生成和变化，因而支配着一切的事物，又进一步把阴阳交替看作宇宙的根本规律。这是一种朴素的唯物思想。到了战国末期，以邹衍为代表的"阴阳家"，又把"阴阳"和天人合一——天人感应的学说结合起来，便加重了"阴阳说"的神秘色彩。

6 **五行**：指木、火、土、金、水五种物质。中国古代哲学家根据对自然界的观察，认为这五种物质是宇宙间的最基本的元素。又从日常生活中发现它们在性质上有某些关系，勉强排列成所谓"相生相胜"的系列。"相生"就是相互促进，如"木生火，火生土，土生金，金生水，水生木"。"相胜”就是相互排斥，如“水胜火，火胜金，金胜木，木胜土，土胜水”。这些观点具有自发的辩证法因素，它的合理的因素被保存下来，对中国古代天文、历数、医学的发展起了一定的作用。例如，中医学就以五行的属性区别脏腑器官的特性，用相生相胜的理论来解释内脏之间相互资生和相互制约的关系，等等。在中国古代，五行思想和阴阳思想原来是各自独立的两个不同的系统。战国末年，齐国人邹衍扩大五行学说，混合阴阳思想，创立起阴阳五行学派，把阴阳消长和五行相胜配合起来，造出五德终始论，用以说明王朝兴替的原因。这种理论不但是一种历史循环论和命定论，而且传播神秘的天命，在中国历史上长期起着有害的作用。梁启超说：“阴阳五行说为二千年来迷信之大本营，直到今日，在社会上犹有莫大势力。”（《阴阳五行说之来历》）

7 形质：构成形体的基础。

原文

凡人之质量，中和[1]最贵矣。质白受采，味甘受和。中和者百行之根本，人情之良田也。**中和之质必平淡无味，**惟淡也故五味得和焉，若苦则不能甘矣，若酸也则不能咸矣。**故能调成五材[2]，变化应节。**平淡无偏，群材必御；致用有宜，通变无滞。**是故观人察质，必先察其平淡，而后求其聪明[3]。**譬之骥騄，虽超逸绝群，若气性不和，必有毁衡碎首决胸之祸也。**聪明者，阴阳之精。**离目、坎耳，视听之所由也。**阴阳清和，则中睿[4]外明。圣人淳耀[5]，能兼二美[6]。知微知章，**耳目兼察，通幽达微，官材授方，举无遗失。**自非圣人莫能两遂。**虽得之于目，或失之于耳。**故明白之士，达**

译文

一切人的素质中，以中和之质最为可贵。中和之质必定是平淡无味的，因此能够调和成勇、智、仁、信、忠五种品质，它能随需要而应变。所以观察人及其素质，一定要先看看他是否平淡，然后再看他是否聪明，聪明是阴阳二气的结晶啊！在一个人身上，阴阳二气纯净调和，他就思虑深远，见事明白。圣人质朴而明达，能够兼备以上两种优点。既能了解事物的隐微，

动之机[7]**，而暗于玄虑**[8]。达于进趋而暗于止静，以之进趋，则欲速而成疾；以之深虑，则抗夺而不入也。**玄虑之人，识静之原，而困于速捷。**性安沉默，而智乏应机，以之闲静，则玄微之道构；以之济世，则劲捷而无成。**犹火日外照，不能内见**[9]。**金水内映，不能外光。**人各有能，物名有性，是以圣人任明白以进趋，委守成于玄虑，然后动止得节，出处应宜矣。**二者之义，盖阴阳之别也。**阳动阴静，乃天地之定性，况人物乎。**若量其材质，稽诸五物**[10]。**五物之征，亦各著于厥**[11]**体矣。**筋勇色青，血勇色赤，中动外形，岂可匿也。

又能看清明显的迹象，这除了圣人没有谁能够同时做到。明白的人懂得及时行动的重要，而深思熟虑不足；玄虑之人，懂得宁静致远的道理，而失于行动迟缓。这就好比火光和太阳可以照见外物，却照不到外物的内部；金属和水能够反映容器的内部，却不能使它外部发光。以上两者的不同处，也就是阴阳二气的差别。如果衡量一个人的材质时，按金、木、水、火、土五物的性质去验证，那么五物各自的特征就从他的身上表现出来了！

注释

1 **中和**：儒家的伦理思想。《中庸》："喜怒哀乐之未发谓之中，发而皆中节谓之和。"意思是说：喜怒哀乐是人人有的感情，没有向外表露的时候，毫无偏向，这就叫做"中"。表露的时候，不过分，也没有不及，能够适度，这就叫做"和"。并认为"致中和，天地位焉，万物育焉"。即人的修养如能达到中和的境界，那么天地就会因为我的心是中正的，也处于中正的位置，万物也因此能够正常的生长。这是一种唯心的思想。

2 **五材**：五种德性。《六韬·论将》："所谓五材者，勇、智、仁、信、忠也。"

3 **聪明**：按字的本义，听觉灵敏叫做聪，视觉灵敏叫明。合成为聪明，表示智力高超，善于听取和善于观察。

4 **睿**：通达，看得深远。

5 **淳耀**：淳，质朴敦厚。耀，明亮。合为质朴而又明达的意思。

6 **二美:**指聪和明两种优点。

7 **机:**同"幾",事情的苗头或预兆。《周易·系辞下》:"君子见幾而作,不俟终日。"(君子看见事情的苗头就立即采取行动,不等到一天过去了才行动。)

8 **玄虑:**深沉静默地思考。

9 **见:**同"现",出现。

10 **五物:**指木、金、火、土、水。

11 **厥:**那个,他的。

原文

其在体也,木骨,金筋,火气[1],土肌,水血,五物之象也。五性者,成形之具。五物为母,故气色从之而具。五物之实,各有所济。五性不同,各有所禀,禀性多者则偏性生也。是故骨植[2]而柔者,谓之弘毅[3]。弘毅也者,仁之质也。木则垂荫,为仁之质。质不弘毅,不能成仁。气清而朗者,谓之文理[4]。文理也者,礼之本也。火则照察,为礼之本。本无文理,不能成礼。体端而实者,谓之贞固[5]。贞固也者,信之基也。土必吐生,为信之基也。基不贞固,不能成信。筋劲而精者,谓之勇敢。勇敢也者,义之决也。金能断割,为义之决。决不勇敢,不能成义。色平而畅者,谓之通微[6]。通微也者,智之原也。水流疏达,为智之原。原不通微,不能成智。五质[7]恒性,故谓之五常[8]矣。五物,

译文

在人的身体中,骨表现木的物征,筋表现金的特征,气表现火的特征,肌表现土的特征,血表现水的特征。骨、筋、气、肌、血,是木、金、火、土、水五物的形象化,五物的实际状况,形成人的不同的品德。因此骨骼挺直而柔韧的,叫做弘毅;弘毅乃是仁爱的品质。神气清静而明朗的,叫做文理;文理乃是礼仪的根本。体态端正而结实的,叫做贞固;贞固乃是诚实的基础。筋肌强劲而精练的,叫做勇敢;勇敢乃是守义的标志。容色平和而舒展的,叫做通微;通微乃是智慧的本原。以上五种品质具有永

天地之常气。五德，人物之常行。

恒不变的性质，因此又叫做五常。

注释

1 **气**：本文指人的元气，中医用以说明人体的概念，如："补中益气""血气两亏"。

2 **植**：竖立。嵇康《养生论》："植发冲冠。"

3 **弘毅**：气量宽宏，意志坚强。《论语·泰伯》："士不可以不弘毅，任重而道远。"（读书人不可以不气量宽宏，意志坚强；因为他肩负的责任重大，要走的路途遥远啊！）

4 **文理**：条理，礼仪。古代叫礼的，泛指奴隶社会或封建社会贵族等级制的社会规范和道德规范。目的是维持其社会秩序，保持统治者所谓的条理。《论语·为政》："齐之以礼。"（用礼仪维持社会秩序。）

5 **贞固**：坚贞不移，始终如一。

6 **通微**：通达深奥隐微之处。

7 **五质**：五种品质。指弘毅、文理、贞固、勇敢、通微。

8 **五常**：儒家讲"三纲五常"的"五常"，指仁、义、礼、智、信，五个永恒不变的道德准则。

原文

五常之别，列为五德[1]。是故温直而扰毅[2]，木之德也。温而不直则懦，扰而不毅则剉。刚塞[3]而弘毅，金之德也。刚而不塞则决，弘而不毅则缺。愿恭[4]而理敬[5]，水之德也。愿而不恭则悖，理而不敬则乱。宽栗[6]而柔立[7]，土之德也。宽而不栗则慢，柔而不立则散。简畅而明砭[8]，火之德也。简而不畅则滞，明而不砭则翳。虽体变无穷，犹依乎五质。人情万化，不可胜极，寻常竟源，

译文

五常，从另一个意义上讲，分别是五种德性。温和正直而扰毅，是木的德性。刚塞而弘毅，是金的德性。愿恭而理敬，是水的德性。宽栗而柔立，是土的德性。简畅而明启，是火的德性。虽然体现在各个人的身上，变化无穷，

常在于五。

归根结底，也还是离不开五质。

注释

1 **五德**：古代阴阳家称水、火、木、金、土五种物质的德性为五德。

2 **扰毅**：扰，和顺、驯服的意思。《尚书·皋陶谟》："扰而毅。"和顺而又能果毅。

3 **刚塞**：《尚书·皋陶谟》："刚而塞。"刚断而笃实。

4 **愿恭**：《尚书·皋陶谟》："愿而恭。"老实而恭敬。愿，老实。

5 **理敬**：《尚书·皋陶谟》："乱而敬。"南宋蔡沈注："乱，治也。乱而敬者，有治才而敬畏也。"

6 **宽栗**：《尚书·皋陶谟》："宽而栗。"宽宏而庄栗。

7 **柔立**：《尚书·皋陶谟》："柔而立。"柔顺而植立的意思。

8 **简畅而明砭**：这句话，前人文宽夫曾提出怀疑（见本书附录中《文宽夫题》）。主要是"砭"字难解，疑为草书"启"字传写之误。照文宽夫所说，应为简畅而明启，即简单明白的意思。

原文

故其刚柔明畅贞固之征，著乎形容，见乎声色，发乎情味，各如其象。自然之理，神动形色，诚发于中，德辉外耀。故心质亮直[1]，其仪[2]劲固[3]。心质休决[4]，其仪进猛[5]。心质平理[6]，其仪安闲。夫仪动成容，各有态度。直容之动，矫矫行行[7]。休容之动，业业跄跄[8]。德容之动，颙

译文

因此，一个人刚柔、明畅、贞固的特性，就表现在他的外形容貌上，流露在他的说话表情上，显现在他的神情气味上，总之，一个人内在的情性一一表现在他的外部形色上面。因此，心地诚实耿直的人，外表必然坚定强毅。心地善良果决的人，外表必定勇猛进取。内心平和通达的人，外表必定安静闲雅。人的外表在人的活动中现出不同的面容，不同的神态举止。直性之人的举止是矫矫行行的。善良之人的举止是业业跄跄的。德高之人的举

颙印印[9]。

止是颙颙印印的。

注释

1 **亮直:**同“谅直”,诚信而耿直。《三国志・魏书・司马芝传》:“芝性亮直,不矜廉隅。”(司马芝为人诚信而耿直,又不以品行端方自傲。)

2 **仪:**容貌和态度。仪,泛指人的外表。“容”和“貌”在“相貌”“面貌”“面容”“容貌”等意义上是同义词,常可通用。区别在于:“容”多指脸上的神情气色。“貌”多指相貌、外表的形象、态度,也指神情或对人对事不同心态的外部表现。

3 **劲固:**坚定强毅。

4 **休决:**休,美善也。决,果决,也有急速义。心地善良而果决。

5 **进猛:**同“猛进”。

6 **平理:**公平通达。

7 **矫矫行行:**矫(jiǎo),强貌。矫矫,翘然出众貌。《汉书・叙传下》:“贾生矫矫,弱冠登朝。”(贾谊超群出众,未满二十岁,就入朝为官。)行,读hàng。行行,刚强貌。《论语・先进》:“子路,行行如也。”(子路,一副刚强的样子。)

8 **业业跄跄:**业业,举止有威仪貌。《诗・大雅・常武》:“赫赫业业,有严天子。”(威严的国王,现出显耀盛大的气象。)跄(qiāng)跄,步趋有节貌。《诗・大雅・公刘》:“跄跄济济,俾筵俾几。”(大家有规矩有礼貌地走来,使人摆好了筵席,摆好了案几。)

9 **颙颙卬卬:**颙(yóng)颙,温和貌。卬(áng)卬,同“昂”,气概轩昂貌。《诗・大雅・卷阿》:“颙颙卬卬,如圭如璋。”(既温和又威严,像圭璋一样的高贵。)

原文

夫容之动作发乎心气[1],心气于内,容见于外。心气之征,则声变是也。心不系一,声和乃变。夫气合

译文

人的神色的改变是受心气的支配的。心气的表征就是声音的变异。因为人的气合成为声音,

成声，声应律吕[2]。清而亮者律，和而平者吕。有和平之声，有清畅之声，有回衍[3]之声。心气不同，故声发亦异也。夫声畅于气，则实存貌色。非气无以成声，声成则貌应。故诚仁，必有温柔之色。诚勇，必有矜奋之色。诚智，必有明达之色。声既殊管，故色亦异状。夫色见于貌所谓征神[4]。貌色徐疾，为神之征验。征神见貌，则情发于目。目为心候，故应心而发。故仁，目之精，悫然[5]以端。心不倾倚，则视不回邪。勇，胆之精，晔然[6]以强。志不怯懦，则视不衰悴。然皆偏至[7]之材，以胜体[8]为质者也。未能不厉而威，不怒而严。

声音依音律具有不同的音调：有和平之声，有清畅之声，有回衍之声。声音在气畅通的情况下，心的实情一定会在外貌神色上显示出来。所以，果真是仁爱之人，必定有温柔的神色；果真是勇敢的人，必定有坚强奋发的颜色；果真是聪慧的人，必定有明达的神色。神色现于外貌就是所谓征神。在征神现貌的情况下，人的情怀会从眼睛里表露出来。仁爱，表现目的精气；因而仁爱之人目光诚实而端庄。勇敢，表现胆的精气；因而勇敢之人目光灼灼而威严。不过，这些都是偏于一方面的人才，是把突出的一面作为材质的人。

注释

1 **心气**：中医称心脏的生理功能。按传统中医的理论，心的功能有多种。一是主血脉，血液运行主要靠心气的推动；一是藏神，“神”指精神意识和思维活动。因此，心的功能包含了现代科学认为的心脏和脑的作用。

2 **律吕**：音乐术语，指乐律或音律。中国古代将一个八度分为十二个半音的一种律制。其中奇数各律称“律”，偶数各律称“吕”，总称“六律六吕”，或简称“律吕”，合称“十二律”。

3 **回衍**：回旋衍荡。

4 **征神**：验证精神。

5 **悫(què)然**：诚实谨慎的样子。

6 **晔(yè)然:**光亮的样子。

7 **偏至:**一个方面突出,其他方面微弱。

8 **胜体:**胜,占优势,或力量大过于。体,部分,与全体的"兼"相对。胜体,突出的或占优势的部分。

原文

故胜质不精,则其事不遂。能勇而不能怯,动必悔吝随之。**是故直而不柔,则木。**木强激讦,失其正直。**劲而不精,则力。**负鼎绝膑,失其正劲。**固而不端,则愚。**专己自是,陷于愚戆。**气而不清,则越。**辞不清顺,发越无成。**畅而不平,则荡。**好智无涯,荡然失绝。**是故中庸[1]之质,异于此类。**勇而能怯,仁而能决,其体两兼,故为众材之主。**五常既备,包以澹[2]味。**既体咸酸之量,而以无味为御。**五质内充,五精[3]外章。**五质澹凝,淳耀外丽。**是以目彩五晖[4]之光也。**心清目朗,粲然自耀。**故曰:物生有形,形有神精[5]。**不问贤愚,皆受气质之禀性阴阳,但智有精粗,形有浅深耳。寻其精色,视其仪象,下至皂隶牧圉,皆可想而得之也。**能知精神,则穷理尽性。**圣人有以见天下之动而拟诸形容,故能穷理尽性以至于命。

译文

凡是偏于一面而不具备真正优质的人,行事也不能顺利成功。因此,一味正直而不柔和,就成了倔强。一味刚劲而不精明,就成了蛮干。固执己见而不分来由,就成了愚戆。为人有气魄,如果思虑不清,就会越轨。为人爽朗,如果不安静,就会成为放荡。而中庸的材质跟以上所说的都不一样。仁、义、礼、智、信五常在他身上都已具备,又以平淡无味的气质包容起来。金、木、水、火、土五质充实于体内,五种精神显露于外表。因而在他的眼睛里闪耀着五彩的光辉。所以说:凡人生而有形,有形就有精神;能知人的精神,就能穷尽天理和人性。

注释

1 **中庸:**儒家的伦理思想,认为中庸是最高的道德标准。北宋哲学家程颐解释中庸说:“不偏之谓中,不易之谓庸。中者天下之正道,庸者天下之定理。”(《中庸章句》)这段话的意思就是:处理事情不过分,也无不及,恰到好处。因而中庸是最理想的道德,是不可改变的规律。

2 **澹**(dàn):本文用义同“淡”,淡薄,与“浓”相对。

3 **五精**:指木、金、水、土、火五种物质所生发出来的精神。

4 **五晖**:就是五色或五彩。古人以青、黄、赤、白、黑五种颜色为正色,其他为间色。也泛指各种颜色,如五彩缤纷。

5 **神精**:即“精神”。“精”“神”是同义词。例如,《左传·昭公七年》:“是以有精爽至于神明。”孔颖达疏:“精亦神也,爽亦明也。”精神,哲学上指人的意志、思维活动和心理状态。《荀子·天论》:“形具而神生。”

原文

性之所尽,九质[1]**之征也。**阴阳相生,数不过九,故性情之变,质亦同之。**然则平陂**[2]**之质在于神。**神者质之主也,故神平则质平,神陂则质陂。**明暗之实在于精。**精者实之本,故精惠则实明,精浊则实暗。**勇怯之势在于筋。**筋者势之用,故筋劲则势勇,筋弱则势怯。**强弱之植在于骨。**骨者植之基,故骨刚则植强,骨柔则植弱。**躁静之决在于气。**气者决之地也,气盛决于躁,气冲决于静矣。**惨怿**[3]**之情在于色。**色者情之候也,故色悴由情惨,色悦由情怿。**衰正之形在于仪。**仪者形之表也,故仪衰由形殆,仪正由形肃。**态度**[4]**之动在于容。**容者动之符也,故邪动则容态,正动则容度。**缓急之状在于言。**言者心之状也,故心恕则言缓,心褊则言急。**其为人也,质素**

译文

人物情性的全部,也就是九种气质的外现。那么,平正或险陂表现于神情气概,明白或昏暗的实际状况决定于精气,勇敢或怯懦的具体情况决定于筋,强健或柔弱的构成决定于骨,急躁或沉静决定于血气,悲戚或喜悦的心情表现于面色,端正或衰颓的形相见于仪表,伪态或气度的变化表现于容貌,宽缓或褊急的心情表现于言语。有那样一个人,质朴而平淡,内心聪慧而行事明朗,筋骨强固,平澹，中睿外朗，筋劲植固，声清色怿，仪正容直，则九征皆至，则纯粹之德也。非至德大人，其孰能与于此。九征有违，违，为乖戾也。则偏杂之材也。或声清色怿，而质不平淡。或筋劲植固，而仪不崇直。三度[5]不同，其德异称。偏材荷一至之名，兼材居德仪之目，兼德体中庸之度。故偏至之材[6]，以材自名。犹百工众伎各有其名也。兼材[7]之人，以德为目。仁义礼智，得其一目。兼德[8]之人，更为美号。道不可以一体说，德不可以一方待，育物而不为仁，齐众形而不为德，凝然平淡，与物无际，谁知其名也。

说话清楚而神色怡悦，仪容端正，这就是九质的表征都达到了最优的水平，这就是德性达到真纯精粹的地步。九质的表征中有些违悖的方面，那就是偏于一面或材质不纯的人才。偏材、兼材、兼德这三种人器度不同，他们的德性称号也不一样。偏至之材以某种突出的才能给自己定了名号。兼材之人以某一项道德为名目。兼德之人因道德纯粹而有完美的称号。

注释

1 **九质**：指下文所说人的九种气质，即：平陂、明暗、勇怯、强弱、躁静、惨怿、衰正、态度、缓急。

2 **平陂**：平，是平正。陂(pō)，不平正。

3 **惨怿**：惨是悲戚，怿(yì)是喜悦。

4 **态度**："态"和"度"在本文之中有褒贬不同的含义。这和我们常说的"态度"一词有所不同。刘昞注："容者动之符也，故邪动则容态，正动则容度。"意思说：容貌是心理变化的符应。心里有邪思，容貌就有伪态；心里有善思，容貌就有合乎礼义的气度。

5 **三度**：三种器度。作者将人才按器度大小分为三个级别，分别叫做：偏材、兼材、兼德。

6 **偏至之材**：即某一方面的才能特别突出的人才，也就是偏材。

7 **兼材**：就是一个人有才也有德；德才相比，才能领先，德行在其次。换句话说，在材质结构上，他以才为纲，以德为目。

8 **兼德**：具有高度发展的道德品质的人才。

原文

是故兼德而至，谓之中庸。居中履常，故谓之中庸。**中庸也者，圣人之目也。**大仁不可亲，大义不可报，无德而称，寄名于圣人也。**具体而微**[1]**，谓之德行，德行也者，大雅**[2]**之称也。**施仁以亲物，直义以利仁，失道而成德，抑亦其次也。**一至**[3]**谓之偏材。偏材，小雅**[4]**之质也。**徒仁而无义，徒义而无仁，未能兼济，各守一行，是以名不及大雅也。**一征谓之依似**[5]**。依似，乱德**[6]**之类也。**绝讦似直而非直，纯宕似通而非通。**一至一违，谓之间杂**[7]**。间杂，无恒**[8]**之人也。**善恶参浑，心无定是。无恒之操，胡可拟议。**无恒，依似，皆风人末流**[9]**。**其心孔艰者，乃有教化之所不受也。**末流之质，不可胜论，是以略而不概也。**蕃徒成群，岂可数哉。

译文

所以兼德达到了高水平，就叫做中庸。中庸者，圣人之纲领也。具备圣人的全部品质但还没有发扬光大，叫做德行；德行者，高材的称号也。一方面的才能高度发展，叫做偏材；偏材者，次等人才的品质也。九征中只有一征走向极端，叫做依似；依似者，乱德之类的人物也。一方面突出，相反的方面也突出，叫做间杂，是一种无恒之人。无恒、依似，都是凡夫末流之辈。末流的材料，说也说不完，因此就省略过去不管它了吧！

注释

1 **具体而微**：事物的各个组成部分都具备，只是都比较细小罢了。《孟子·公孙丑上》："子夏、子游、子张皆有圣人之一体，冉牛、闵子、颜渊则具体而微。"朱熹注："具体而微，谓有其全体，但未广大耳。"

2 **大雅**：本义是《诗经》一个分类的名称。本文指大才。班固《西都赋》："大雅宏达，于兹为群。”李善注：“大雅，谓有大雅之才者。《诗》有《大雅》，故以立称焉。”

3 **一至：**至，达到，或达到了顶点。一至，一方面达到了，或一方面达到了顶点。

4 **小雅：**《诗经》的一个分类的名称。“雅”是西周王朝直接统治地方合乐的唱词。大雅和小雅大抵和后世的大曲小曲类似。本文以大雅称高材，以小雅称次一等级的偏材。

5 **依似：**好像是，似是而非。《孟子·尽心下》：“孔子曰：恶似而非者，恶莠，恐其乱苗也。……恶乡原，恐其乱德也。”（孔子说：讨厌那种似是而非的事物。讨厌莠草，恐怕它与禾苗混淆。……讨厌伪善的人，恐怕他与有德的人混淆。）

6 **乱德：**混淆或破坏德性。

7 **间杂：**混合夹杂。

8 **无恒：**恒，长久。无恒，无长久之心。《论语·子路》：“人而无恒，不可以作巫医。”

9 **风人末流：**“风人”是诗人，在本文中不可解释。由于“风”与“末”形成对文，疑“风”是“凡”的误写。凡人末流，就是最低级的人物。

体别第二

禀气阴阳，性有刚柔。拘抗文质，体越各别。

导读

本篇讨论了不同品质人才的优点、缺点。作者按儒家的思想，把中庸之德看作最理想的、最好的品质。还认为不合中庸标准的有两大类人才，一类是抗者，其特点是“过之”；一类是拘者，其特点是“不逮”。作者列举了六种抗者和六种拘者，共十二种人才，一一说明他们的优长和缺失。更进一步指出，上述各种人才应该警戒自身的缺点；使用他们的人应该避其所短，用其所长。最后，作者肯定，学习可以使人成材。问题是成什么“材”。以上十二种人都是偏材，本性难移，即使学习也难以学到中庸之道。

原文

夫中庸之德，其质无名[1]。泛然不系一貌，人无得而称焉。**故咸而不碱**[2]，谓之咸耶，无碱可容。公成百卤，也与咸同。**淡而不醷**[3]，谓之淡耶，味复不醷。**质而不缦**[4]，谓之质子，理不缦素。**文而不缋**[5]。谓之文耶，采不尽缋。**能威能怀，能辨能讷**[6]，居咸淡之和，处质文之际，是以望之俨然，即之而文，言满天下无辞费。**变化无方，以达为节**。应变适化，期于通物。

译文

中庸这种德性，实质是什么，是叫不出名字来的。它本是咸而不碱，淡而不醇，质朴却不寒素，有文彩却不花哨。能使人敬畏，也能使人怀念，有时善辩，有时朴讷，变化没有定规，以通情达理为标准就是了。

注释

1 **无名:**名,是概念、名称。无名,是老子的用语。《老子》:"无名天地之始,有名万物之母。"意思说,天地之初始时期没有"名",即没有概念,叫不出名字。"名"是有了天地万物之后才由人制定的。作者把中庸作为人物最高的理想的德性,为了让人理解,就用表示天地之始的"无名"来表明中庸本是儒家的理想。作者糅合了儒道两家的思想来说明人才。

2 **碱:**此处指制盐时剩下的黑色汁液凝固而成的物质,通常称为"卤",是氯化镁、硫酸镁、溴化镁及氯化钠的混合物,味苦有毒。

3 **醋:**无味。《中国大百科全书·哲学》关于"刘劭"词条作"醇",酒味厚为醇,这样也可以讲得通。

4 **缦(màn):**无文彩的帛。引申为凡无文彩的东西。《国语·晋语五》:"乘缦不举。"(乘无文饰的车,不奏乐。)

5 **缋(huì):**同"绘",绘画。《考工记》:"画缋之事,杂五色。"

6 **能辨能讷:**辨,通"辩",有口才。讷(nè),不善于讲话,言语迟钝。

原文

是以抗者[1]过之,励然抗奋于进趋之途。而拘者[2]不逮。屯然无为于拘抗之外。夫拘抗违中,故善有所章,而理有所失。养形至甚,则虎食其外,高门悬薄,则病攻其内。是故厉直刚毅,材在矫正[3],失在激讦[4]。讦刺生于刚厉。柔顺安恕,每[5]在宽容,失在少决。多疑生于恕懦。雄悍杰健,任在胆烈[6],失在多忌。慢法生于桀悍。精良畏慎,善在恭谨,失在多疑。疑难生于畏慎。强楷坚劲[7],用在桢干[8],失在专固。专己生于坚劲。

译文

所以,奋进之人是有些过分,而拘谨之人是有些不及。拘谨和奋进之人都不合中庸之道,因此,他们的长处可以有所发扬,然而都有些违背情理。由于这个缘故,严厉刚直的人,在矫正颓风陋俗方面可以发挥他的才能,缺点是过激地揭人之短。和气与宽厚的人,优点在于待人处事气量宽容,而缺点在于缺乏决断。强悍之人有胆量,能决断,缺点是多有妒忌。善良谨慎之人,好处是对人

论辨理绎[9]**，能在释结，失在流宕**[10]。傲宕生于机辨。**普博周给**[11]**，弘在覆裕**[12]**，失在溷浊**[13]。溷浊生于周普。

谦虚谨慎，缺点是胆小多疑。刚直强劲之人，能担任事业的主干，缺点是独断专行。能言善辩之人，其才可以消除疑虑，缺点是失于放荡。博爱好施之人，好处是能帮助人，宽容别人，缺点是清浊不分。

注释

1 **抗者**：据刘昞注，指“励然抗奋于进趋之途”的人。就是奋进之人。抗，通“亢”，高也。

2 **拘者**：拘，拘束。行动多顾忌多拘束的人。

3 **矫正**：纠正，使曲的变直，本文指矫正颓风陋俗。《南史·刘穆之传》：“穆之斟酌时宜，随方矫正，不盈旬日，风俗顿改。”

4 **激讦**(jié)：讦，指攻击或揭人的短处。激讦，过激地攻击别人的短处。

5 **每**：“每”在本文内与材、任、精、用、能、弘、节、业、精、质、权等字为对文，这些字都有褒义，因此，“每”必然有相同或相近的含义。《左传·僖公二十八年》：“原田每每。”杜预注：“晋军美盛，若原田之草每每然。”由此可见，“每”是美盛的意思。

6 **胆烈**：胆气很强。《素问》：“胆者，中正之官，决断出焉。”

7 **强楷**(jiē)**坚劲**：楷，木名。相传楷树枝干疏而不屈，因此用以形容刚直之人。“强楷坚劲”连文，意为刚直强劲。

8 **桢干**：支柱、骨干的意思。《论衡·语增》：“夫三公鼎足之臣，王者之桢干也。”鲁迅《坟·文化偏至论》：“惟有刚毅不挠，虽遇外物而弗为移，始足作社会桢干。”

9 **论辨理绎**：辨，通“辩”，论辨即讲话有口才。理，有条理。绎，连续不断。总的意思是，辩论道理有条理而滔滔不绝。换句话说，有口才，很会说理。

10 **流宕**：放荡。陶潜《闲情赋序》：“抑流宕之邪心。”

11 **普博周给**：周，周济、救济人。普博周给，意为以博爱之心广泛地周济别人。

12 覆裕：覆，遮蔽，引申为保护养育。《汉书·谷永传》："覆育子弟，诚无以加。"裕，宽容。《新书·道术》："包众容易谓之裕，反裕为褊。"覆裕，帮助和宽容别人。

13 溷浊：溷(hùn)，混浊，水不清。

原文

清介廉洁[1]**，节在俭固**[2]**，失在拘扃**[3]。拘扃生于廉洁。**休动磊落**[4]**，业在攀跻**[5]**，失在疏越**[6]。疏越生于磊落。**沉静机密，精在玄微**[7]**，失在迟缓**。迟缓生于沉静。**朴露径尽**[8]**，质在中诚，失在不微**。漏露生于径尽。**多智韬情**[9]**，权在谲略**[10]**，失在依违**[11]。隐违生于韬情。**及其进德**[12]**之日不止，揆中庸以戒其材之拘抗**，抗者自是以奋励，拘者自是以守扃。**而指人之所短以益其失**，拘者愈拘，抗者愈抗，或负石沉躯，或抱木焦死。**犹晋楚带剑递相诡反**[13]**也**。自晋视楚，则笑其在左；自楚视晋，则笑其在右。左右虽殊，各以其用，而不达理者，横相诽谤。拘抗相反，皆不异此。

译文

廉洁自守之人，有安于清俭的节操，而有禁锢自封的偏向。志向高远，洒脱不拘的人，能够攀登高位，却失于疏略。沉静寡言的人，善于深思熟虑，短于行动迟缓。质朴坦率之人，好在内心诚实，表里如一，缺点在于直露。多智韬情之人，能谋善变，却失于果断。以上这十二种人，在他们自我修养的时候，如果还不能对照中庸的要求，纠正自己的才性方面拘与抗的偏向，反而指责别人的短处，以文饰自己的过失，那就好比晋国人和楚国人互相讥笑带剑的方法荒谬一样。

注释

1 清介廉洁：介，独特，有节操。总的意思是廉洁自守。

2 俭固：固，有"陋"义。俭固，俭陋的意思。

3 拘扃：拘，拘禁、拘束。扃(jiōng)，关门。拘扃，拘谨、局促。

4 **休动磊落：**休动，志向高大。见下文："休动之人，志慕超越。"磊落，错落分明，引申为指某人洒脱不拘，直率开朗。梁刘勰诗："慷慨以任气，磊落以使才。"

5 **攀跻：**攀、跻(jī)，都有攀高上升的意思。本文中指升官晋位。《诗·国风·豳风》："跻彼公堂。"（登上那朝堂。）

6 **疏越：**疏，稀，不周密。越，远，迂阔。疏越，粗疏而迂阔。

7 **玄微：**深沉静默。

8 **朴露径尽：**朴，朴实敦厚。露，显露。径，直率。尽，无保留。总的意思是，质朴而坦率。

9 **韬情：**韬，隐藏。韬情，是把自己的意图和真实的感情隐藏起来。

10 **谲略：**谲(jué)，诡诈多变。略，权略、计谋。谲略，多谋善变。

11 **依违：**反复，迟疑不决。《楚辞·九叹·离世》："余思旧邦，心依违兮。"

12 **进德：**使德行有进步，即自我修养。

13 **晋楚带剑递相诡反：**按刘昞注，古时楚国人带剑在身之左边，晋国人带剑在身之右边，晋人楚人相互看起来，都觉得对方奇特荒谬。

原文

是故强毅之人，狠刚不和[1]；不戒其强之搪突[2]，而以顺为挠[3]，厉其抗。以柔顺为挠弱，抗其搪突之心。是故可以立法[4]，难与入微[5]。狠强刚戾何机微之能入。柔顺之人，缓心宽断；不戒其事之不摄[6]，而以抗为刿[7]，安其舒。以猛抗为刿伤，安其恕忍之心。是故可与循常，难与权疑[8]。缓心寡断，何疑事之能权。雄悍之人，气奋勇决；不

译文

所以，强毅之人，性情狠刚，不能和气待人；如果不戒除自己好强之中唐突的毛病，却把和顺看作屈服，就会越发激励奋进之心。这种人可以和他共同立法，难以和他深刻细致地讨论问题。柔顺之人，性情缓慢，处事不严；如果不警惕宽缓足以误事，却以为奋进会伤害他人，便会安于舒缓的作风。这种人可以和他按常规办事，难以和他应付疑难问题。雄悍之人，气盛性急，敢作敢为；如果不警

戒其勇之毁跌[9]，而以顺为恇[10]，竭其势。以顺忍为恇怯，而竭其毁跌之势。是故可与涉难[11]，难与居约[12]。奋悍毁跌，何约之能居。

惕好勇会遭致毁折的危险，却把和顺看作怯弱，就会竭力冒进。这种人可以和他涉险犯难，难以共处于穷困之中。

注释

1 **狠刚不和**：凶狠好强，不能和气待人。

2 **搪突**：即唐突，乱闯。《后汉书 · 孔融传》："秃巾微行，唐突宫掖。" 又有冒犯的意思。《世说新语 · 轻诋》："何乃刻画无盐以唐突西子也。"

3 **以顺为挠**：挠(náo)，屈服。把和顺看作屈服。

4 **立法**：建立法律制度。

5 **入微**：达到极其细致、深刻的地步。

6 **事之不摄**：摄，总管、兼理、代理。事之不摄，事情无人负责。

7 **以抗为刿**：刿(guì)，伤也。以为奋进会刺伤别人。

8 **权疑**：应付疑难之事。

9 **毁跌**：毁折，跌倒，遭受挫折的意思。

10 **以顺为恇**：恇(kuāng)，恐惧、怯弱。把和顺当作怯弱。

11 **涉难**：经历患难。

12 **居约**：约，穷困。居约，处于穷困。《论语·里仁》："不仁者不可以久处约，不可以长处乐。"

原文

惧慎之人，畏患多忌；不戒其懦于为义[1]，而以勇为狎[2]，增其疑。以勇戆为轻侮，而增其疑畏之心。是故可与保全，难与立节[3]。畏患多忌，何节义之能立。凌楷[4]之人，

译文

惧慎之人，即胆小谨慎之人，怕风险又多顾忌；如果不戒除在坚持真理方面态度软弱的毛病，却把勇敢看作轻忽，便会加深疑惧之心。这种人可以与他保全身

秉意劲特[5]；不戒其情之固护[6]，而以辨为伪[7]，强其专。以辨博为浮虚，而强其专一之心。是故可以持正，难与附众。执意坚持，何人众之能附。辨博之人，论理赡给[8]；不戒其辞之泛滥[9]，而以楷为系[10]，遂其流。以楷正为系碍，而遂其流宕之心。是故可与泛序[11]，难与立约[12]。辨博泛滥，何质约之能立。弘普之人，意爱周洽；不戒其交之溷杂，而以介为狷[13]，广其浊。以拘介为狷戾，而广其溷杂之心。是故可以抚众，难与厉俗[14]。周洽溷杂，何风俗之能厉。

家性命，难以与他坚持节操。凌楷之人，执意坚持独特的见解；如果不警惕自己固执和护短的毛病，却把辩论是非看作强词夺理，会更增强专断之心。这种人可以与他共同主持正义，难以团结各种各样的人。辨博之人，讲起道理来言词不穷；如果不警惕说话泛滥无边的毛病，却把楷模看作束缚，就会信口开河。这种人可以与他泛泛地讨论，难以和他约定什么大事。弘普之人，即好广泛交结的人，博爱好施；如果不警惕交往溷杂不清的毛病，却把耿介看作气量狭小和性情急躁，便会更广泛地和不三不四的人交结。这种人可以与他安抚众人，难以和他勉励善良的风俗。

注释

1 **懦于为义**：在真理上表现软弱。

2 **以勇为狎**：狎(xiá)，轻忽。把勇敢看作轻忽。

3 **立节**：坚持高尚的节操。

4 **凌楷**：凌厉正直。与前文“强楷坚劲”意思相同。

5 **秉意劲特**：坚持自己独特的见解。

6 **固护**：专一。《文选 · 长笛赋》：“或乃聊虑固护，专美擅工。”

7 **以辨为伪**：把辩论是非看作虚伪的，强词夺理的事。

8 **论理赡给**：赡(shàn)给，充足。讲起道理来言词不穷。

9 **辞之泛滥**：泛滥，河水涨溢。《孟子·滕文公上》：“洪水横流，泛滥于天下。”辞之泛滥，说话浮泛，不着边际。

10 **以楷为系：**楷(kǎi)，典范、楷模。系，拘禁、束缚。把楷模看作束缚。

11 **泛序：**序，通“叙”。泛泛而谈。

12 **立约：**订约，约定一件事情。

13 **以介为狷：**介，耿介、节操。《孟子·尽心上》：“柳下惠不以三公易其介。”狷(juàn)，洁身自好。《论语·子路》：“狂者进取，狷者有所不为也。”（狂者锐意进取，不顾一切；狷者注重节操，有所不为。）其贬义为：气量狭小而性急躁。以介为狷，把耿介视为气量狭小和性情急躁。下文“狷介之人”不是贬义，指洁身自好，不肯同流合污之人。

14 **厉俗：**厉，通“励”，劝勉、鼓励的意思。《汉书·儒林传》：“以厉贤材焉。”厉俗，鼓励善良的风俗。

原文

狷介之人，砭甫廉反。清激浊[1]；不戒其道之隘狭，而以普为秽，益其拘。以弘普为秽杂，而益其拘扃之心。是故可与守节，难以变通。道狭津隘，何通涂之能涉。休动之人，志慕超越；不戒其意之大猥[2]，而以静为滞，果其锐[3]。以沉静为滞屈，而增果锐之心。是故可以进趋，难与持后[4]。志在超越，何谦后之能持。沉静之人，道思回复[5]；不戒其静之迟后，而以动为疏[6]，美其懦。以躁动为粗疏，美其懦弱之心。是故可与深虑，难与捷速。思虑回复，

译文

狷介之人，扬清激浊；如果不改变处世待人过于狭隘的毛病，却把弘普看作污秽，就会越发把自己拘禁起来，很少与人交流。这种人可以与他坚持节操，难以和他通权达变。休动之人，即志向高大之人，一心想超越他人；如果不注意他的欲望太高太多，却把静默看作停滞不前，就会把自己的锐进看作勇敢。这种人可以和他谋进取，难以和他论谦后。沉静之人，对事物的道理能够反复思考；如果不注意沉静有可能使行动迟缓，却把行动看作粗疏，便会以软弱为美德。这种人可以与他计议长远，难以和他决定急迫之事。朴露之人，即质朴坦率

何机速之能及。**朴露之人，中疑实碻**[7]**；不戒其实之野直**[8]**，而以谲为诞，露其诚。**以权谲为浮诞，而露其诚信之心。**是故可与立信，难与消息**[9]。实碻野直，何轻重之能量。**韬谲之人，原度取容**[10]**；不戒其术之离正，而以尽为愚，贵其虚。**以款尽为愚直，而贵其浮虚之心。**是故可与赞善**[11]**，难与矫违**[12]。韬谲离正，何违邪之能矫。

之人，"中疑实碻"（待考）；如果不注意他的朴实有粗野简单的一面，却把谲变看作荒诞，就会过于显露自己的诚实。这种人可以与他建立信誉，难以与他应付事变。韬谲之人，即多谋善变之人，隐藏真意，只求迎合他人心意；如果不注意他的手段偏离正道，却把诚实看作愚笨，就会更欣赏自己的虚伪。这种人可以与他支持好人好事，难以和他纠正邪恶。

注释

1 **砭清激浊：**砭（biān），以针刺治病的意思。用在这里便讲不通，通常的说法是："扬清激浊"或"激浊扬清"，意思是除恶奖善。刘昞为"砭"字注音是"甫廉反"，大概怀疑"砭"是"泛"的讹文。泛有泛滥漫流之义，这样，"泛清"就讲通了。

2 **大猥：**猥（wěi），众多繁杂。大猥就是太多太杂。

3 **果其锐：**果，果敢、坚决。《论语·子路》："言必信，行必果。"（说话必定算数，行事必定坚决。）锐，迅速。这里是锐进的意思。《孟子·尽心上》："其进锐者，其退速。"（速进者必定速退。）这里的"锐"含贬义，犹如现在人们常批评的冒进冒退一样。"果其锐"是古汉语的意动用法，意思是，把锐进看作果敢。

4 **持后：**坚持到最后。

5 **道思回复：**对事物的道理想得很多，反反复复地想。

6 **以动为疏：**把采取行动看作粗疏。

7 **中疑实碻：**碻，不明出处与音义。

8 **实之野直：**野，粗野、卤莽。《论语·子路》："野哉由也。"《论语·雍也》："质胜文则野，文胜质则史。"野直就是粗野简单。实，朴实。实之野直，朴实中的粗野简单成分。

9 **难与消息:**消,消减。息,增长。消息,表示生灭盛衰,《周易·丰卦》:“日中则昃,月盈则食,天地盈虚,与时消息。”(太阳到了中天就要西斜,月亮圆满了就要变为亏缺,天地在消减变为增长的同时,由盈变为虚,由虚变为盈。)难与消息,难以和他共同应付事变。

10 **原度取容:**原,通“愿”,谨厚的意思。度,心意计度,如“置之度外”。原度,把自己的心意计度谨藏起来。取容,取得别人的容纳,或讨好别人。司马迁《报任安书》:“苟合取容,无所短长之效,可见于此矣。”(言行苟且迎合皇帝的心意,取得皇帝的收容,无有所长和建树,于此可见了。)因此,原度取容,就是把自己的真意谨藏起来,只求被他人所接受。

11 **赞善:**赞扬、支持好人好事。

12 **矫违:**纠正违背礼法正道的人和事。

原文

夫学,所以成材也。强毅静其抗,柔顺厉其懦。恕[1],所以推情[2]也。推己之情,通物之性。偏材之性不可移转矣。固守性分,闻义不徙。虽教之以学,材成而随之以失。刚毅之性已成,激讦之心弥笃。虽训之以恕,推情各从其心。意之所非,不肯是之于人。信者逆信[3],推己之信,谓人皆信,而诈者得容为伪也。诈者逆诈,推己之诈,谓人皆诈,则信者或受其疑也。故学不入道,恕不周物[4],偏材之人,各是己能,何道之能入,何物能周也。此偏材之益失也。材不能兼,教之愈失。是以宰物者用人之仁去其贪,用人之智去其诈,然后群材毕

译文

学习,乃是成材的道路。恕道,教人推己及物。然而偏材的本性是不可改变的了,即使教导他们如何去学习,他们成材之后跟着就把学的东西丢掉了。尽管以恕道教导过他们,可是在推己及人的时候却各按自己的心意:自己信实,便以为一切人也都信实;自己狡诈,便以为一切人也都狡诈。因此,学习了,他们也掌握不了道的要义。推己及人,他们不能遍及于一切的对

御，而道周万物也矣。

象。以上就是偏材的优点和缺点啊！

注释

1 **恕**：儒家的伦理思想。《论语·里仁》：“曾子曰：夫子之道，忠恕而已矣。”“恕”，孔子给它下的定义是：“己所不欲，勿施于人。”（《论语·卫灵公》）自己不愿意要的，就不要强加给别人。“恕”是从消极方面讲为人之道。“忠”是从积极方面讲为人之道。孔子给它下的定义是：“己欲立而立人，己欲达而达人。”（《论语·雍也》）自己想站得住，同时也让别人站得住；自己想事事行得通，同时也让别人事事行得通。忠恕两者，孔子认为“恕”比“忠”更要优先。他的学生子贡曾经问他：“有没有一句话，可以终身奉行的？”孔子回答：“其恕乎？”（大概是“恕”吧！）

2 **推情**：推己及人，将心比心，设身处地为别人着想。

3 **信者逆信**：信，诚实、不欺。逆，逆料，预先猜度。自己诚实，逆料一切人是诚实的。同样，下句“诈者逆诈”的意思是：自己狡诈，逆料一切人都是狡诈的。

4 **周物**：周，周到、遍及。物，事物。遍及一切事物。《周易·系辞上》：“知周乎万物。”

流业第三

三材为源，习者为流。流渐失源，其业各异。

导读

作者根据当时的社会条件，按照专业的不同，划分出十二种治国的人才，并命名为：清节家、法家、术家、国体、器能、臧否、伎俩、智意、文章、儒学、口辩、雄杰。然后指出他们各自的特点，可以担任什么样的职务，并举出历史上的名人为例，以上十二种人都是做事的，做人臣的。当君主的却不同。君主的德是“聪明平淡，总达众材”，而不是事事躬亲。这里，作者把“主道”和“臣道”截然分开。并认为“主道得而臣道序”，国家就可以太平。

原文

盖人流之业[1]**十有二焉：**性既不同，染习又异，枝流条别，各有志业。**有清节家，**行为物范。**有法家，**立宪垂制。**有术家，**智虑无方。**有国体，**三材纯备。**有器能，**三材而微。**有臧否，**分别是非。**有伎俩，**错意工巧。**有智意，**能炼众疑。**有文章，**属辞比事。**有儒学，**道艺深明。**有口辨，**应对给捷。**有雄杰。**胆略过人。

译文

人才按其专业可分为十二个类别：有清节家，有法家，有术家，有国体，有器能，有臧否，有伎俩，有智意，有文章，有儒学，有口辨，有雄杰。

注释

1 **人流之业：**流，流别、类别。业，专业、专长。人流之业，就是各类人才的专业。

原文

若夫德行高妙，容止可法[1]，是谓清节之家，延陵[2]、晏婴[3]是也。建法立制，强国富人[4]，是谓法家，管仲[5]、商鞅[6]是也。思通道化[7]，策谋奇妙，是谓术家，范蠡[8]、张良[9]是也。

译文

至于道德高尚，风度举止可作模范的，叫做清节家，延陵、晏婴就是这种人。能建立法制，使国家强盛人民富足的，叫做法家，管仲、商鞅就是这种人。通晓天地间道化万物的道理，善出奇策异谋的，叫做术家，范蠡、张良就是这种人。

注释

1 **容止可法：**仪容举止可以为模范，供人效法。

2 **延陵：**名季札，春秋时吴国国王寿梦的小儿子，继位的吴王诸樊的弟弟，因受封延陵（今江苏常州），称延陵季子。寿梦死后，国人因季札贤明，想立他为王，他固辞不受。季札博学。公元前 544 年，他出使鲁国，观赏周代传统的歌舞时，发表了一番评论，说明音乐舞蹈与国家盛衰的关系，非常精辟。事载《左传》。《古文观止》上有《季札观周乐》一文。

3 **晏婴：**（？—公元前 500 年）字平仲，夷维（今山东高密）人，春秋时为齐国正卿，执政五十余年，以力行节俭、谦恭下士著称于当时。他关心人民生活，实行政治改革，为古代有重要影响的政治家。世人把他和齐国的另一名相管仲并称“管晏”。战国时，有人收集他的言行，编成《晏子春秋》一书。

4 **强国富人：**使国家强盛，使人民富足。

5 **管仲：**（？—公元前 645 年）名夷吾，字仲，颍上（今安徽颍上县）人。春秋初期政治家，他的好友鲍叔把他推荐给齐桓公。桓公任他为宰相，他辅佐桓公四十年。在他任齐相时，进行了全面的改革。他认为：“仓廪实而知礼节，衣食足而知荣辱，上服度则六亲固。四维不张，国乃灭亡。下令如流水之原，令顺民心。”（《史记·管晏列传》）因此，他把发展经济作为振兴国家的基础，立法改制，大兴农渔盐铁之利，更建立选拔人才的制度，从庶民中选士，破格擢用。于是齐国富强，居各国之首。他又佐桓公以“尊王攘夷”为号召，“九合诸侯，一匡天下”，使齐桓公成为春秋时代第一个霸主。

6 **商鞅：**（约公元前390年—公元前338年）战国中期政治家，法家代表人物。卫国人。原名卫鞅。后来因有功于秦，封于商（今陕西商县东南），号商君，所以称商鞅。他少时学刑名之术。秦孝公下令求贤，鞅应召由魏入秦，见秦孝公，提出变法，也就是改革的主张，被孝公采纳，委以重任。他依据法家李悝的《法经》，结合秦国实际情况，制订出整套改革的方案。主要是：废除井田制，准许土地买卖；奖励耕织，生产多的可免徭役；废除贵族世袭特权，实行按军功授予爵位等级的制度；建立连坐制；统一度量衡等等。变法使秦国成为当时第一等强国，为秦统一六国奠定了基础，同时也触犯了秦国旧贵族的利益。秦孝公死后，商鞅被旧贵族诬陷，车裂而死。他的著作和主张由后人编为《商君书》。

7 **思通道化：**通晓道能化生万物的道理，也就是懂得黄帝、老子、庄子创立的道家学说。

8 **范蠡**（lǐ）**：**春秋末年越国的政治家。字少伯，楚国宛（今河南南阳）人。仕越为大夫，后来擢为上将军。公元前494年，越国被吴国打败。他献计给越王勾践，卑辞厚礼乞和。又与大夫文种辅佐勾践刻苦图强，经“十年生聚，十年教训”，终于灭吴。范蠡认为自己功高，而勾践为人“可与同患难，不可与共乐”。（《史记·越王勾践世家》）便携家去国浮海，逃往齐国，化名鸱夷子皮。“耕于海畔，苦身戮力，致产数十万。”又受任为齐相，后弃官散财，至陶（今山东定陶西北），自号陶朱公。治产经商，再度聚财巨万。他对于政治、军事、经济都有一套理论，类似道家思想。他的言论见于《国语·越语下》和《史记·货殖列传》。

9 **张良：**（？—公元前189年）字子房，传为城父（今河南襄城西南）人。西汉开国元勋。祖先五代为韩相。秦灭韩，他图复国，结交刺客，谋刺秦始皇于博浪沙（今河南原阳东南），未能成功。遂改姓名，逃亡至下邳（治今江苏睢宁北），遇老人黄石公，得到赏识，授以《太公兵法》。秦末农民起义，张良聚众归刘邦。他为刘邦出谋划策，联合英布、彭越、韩信的兵力，分化瓦解楚军，终于消灭项羽，建立了西汉王朝。刘邦曾大会群臣，总结他得天下的原因。他说："运筹策帷帐之中，决胜于千里之外，吾不如子房。"(《史记·高祖本纪》)他认为张良、萧何、韩信三人都是人中之杰，他能任用他们，所以取得天下。于是封张良为留侯。张良功成后，有意隐退，学"辟谷、导引轻身"之术。

原文

兼有三材[1]，三材皆备，德与法术皆纯备也。其德足以厉风俗，其法足以正天下，其术足以谋庙胜[2]，是谓国体，伊尹[3]、吕望[4]是也。兼有三材，三材皆微，不纯备也。其德足以率一国，其法足以正乡邑[5]，其术足以权事宜[6]，是谓器能，子产[7]、西门豹[8]是也。兼有三材之别，各有一流：[9]三材为源，则习者为流也。清节之流，不能弘恕[10]，以清为理，何能宽恕。好尚讥诃[11]，分别是非，己不宽恕，则是非生。是谓臧否[12]，子夏[13]之徒是也。

译文

还有一些兼有德、法、术三种材质的人才。一种是三材都有很高水平的，他们的道德力量能够劝勉社会的风俗，立法能力能使国家大治，运筹设计能力能够作出正确的决策，这叫做国体，伊尹、吕望便是这种人。还有一种是兼有三材，不过三材的水平较低的，他们的道德力量能够为一国的表率，立法能够使地区政治清明，运筹设计能力能够因事制宜，这叫做器能，子产、西门豹便是这种人。清节家、法家、术家各有一种亚流的人才，他们兼有三材另一方面的素质。如清节之流，不能宽宏大量地体谅别人，爱好非难指责和弄清是非，这叫做臧否，子夏一类的人就是。

注释

1 **兼有三材**：作者把清节家之德，法家之法，术家之术称为三材。兼有三材，就是一个人身上三材兼备。

2 **谋庙胜:**庙是庙堂,是古代帝王祭祀、议事的地方。皇帝和大臣在庙堂里商议政治、军事的重大决策,这叫做庙算。《孙子兵法·计篇》:“夫未战而庙算胜者,得算多也;未战而庙算不胜者,得算少也。”谋庙胜,谋是策划,策划出胜利的方案,或制定出制胜的决策。

3 **伊尹:**商代的贤臣,名叫伊,尹是官职。传说他是奴隶出身,原为有莘氏女的陪嫁之臣,为商汤赏识,任以国政。另一种说法是,伊尹是民间隐士,汤闻知他的贤名,派人去聘请他,来回五次,伊尹才答应辅佐商汤。当时,夏桀暴虐无道,伊尹佐汤去讨伐,平定海内,建立起商王朝。商汤死后,伊尹继续辅佐外丙、中壬治国,被尊称为阿衡。中壬死后,传位给太甲。太甲乱德,伊尹将他放逐于桐(今安徽虞城东北),自己摄政。三年后,太甲悔过自新,伊尹又把他迎接回来复位。古人把伊尹和周朝的吕尚推崇为理想的贤臣,并称伊吕。大诗人杜甫写诗赞颂诸葛亮道:“伯仲之间见伊吕,指挥若定失萧曹。”

4 **吕望:**姓姜,吕氏,名望,字子牙,其祖先佐禹治水有功,封于吕(今河南南阳西),遂以吕为氏,故称吕望。吕氏传到吕望之时,已由贵族降为庶人。吕望早年贫困,曾在商都朝歌(今河南淇县)宰牛卖肉,到孟津卖饮料。七十岁的时候在渭河钓鱼谋生,在这儿和周文王姬昌相遇。姬昌与他交谈,发现他有高才卓识,大喜,因道:“吾太公(姬昌先祖)望子久矣。”(《史记·齐太公世家》)于是号为太公望,立为师。吕望博学,通兵略,多奇计。当时商王纣无道,吕望佐文王子武王伐纣,尊称师尚父。商灭后,吕望以功勋第一封于齐。又治齐有方,人民多归附,齐国遂成为大国。后世言兵法与权谋,以太公吕望为祖,托其名作兵书《六韬》。

5 **正乡邑:**邑,泛指一般的城市。乡,泛指城市以外的地区。正乡邑,使城乡风气端正(讲道德,守法纪)。

6 **权事宜:**衡量具体情况和条件去处理问题。

7 **子产:**(? —公元前 522 年)即公孙侨。春秋时政治家。郑国贵族子国之子,名侨,字子产。他的父亲原任大司马,因改革田制被杀。郑简公二十三年(公元前 543 年),子产执政,继续实行改革。重要的改革有:

一、改革田制，使私田合法化，以促进农业生产的发展；二、改田赋，按土地多少收兵赋，扩大军费来源；三、铸刑法于鼎，使法律公之于众，以此抑制贵族特权；四、保留乡校，提倡国民公开议政。子产有许多很有价值的政治见解，流传于当时及后世。他执政时期，内政修明，国势强盛。他死去"郑人皆哭泣，悲之如亡亲戚"。(《史记 · 郑世家》)

8 **西门豹：**生卒年月不详。战国初政治家。魏国人。他有一件流传千古的事迹，就是所谓"西门豹治邺"。魏文侯时，西门豹受任为邺(今河北临漳西南)令。到任之后，他访问民间疾苦，得知地方豪绅与巫祝勾结，借口为河神娶妇为害地方，人民被迫逃亡。他机智地破除了这项传统的迷信，严惩了祸首"三老""廷椽"与"豪长者"。又领导人民修水利，引漳水灌田，地方因此安乐富庶。

9 **兼有三材之别，各有一流：**别，另外一面。在清节家、法家、术家三个类型之外，各有一种和他们基本上相同而又有所区别的类型(或称亚流)。这种类型的人才，不是"三材皆备"，也不是"三材皆微"，而是兼有三材的另一面的弱点。

10 **弘恕：**弘，扩充、光大。恕，原谅、宽恕。宽宏大量地体谅别人。

11 **讥诃：**诃(hē)，非难、指责。又作"讥呵"。《后汉书 · 孟光传》："好公羊春秋而讥呵左氏。"

12 **臧否：**臧(zāng)，善、好。否(pǐ)，恶、坏。臧否，表扬、批评。诸葛亮《出师表》："陟罚臧否，不宜异同。"(提升、惩罚、表扬、批评，不应该有所不同。)

13 **子夏：**(公元前 507 年—？)姬姓，卜氏，名商，字子夏，春秋末，晋国温(今河南温县西南)人，一说卫国人。孔子的学生，比孔子小四十四岁。孔子死后，他到魏国西河(济水、黄河之间)讲学。主张国君要学习《春秋》，吸取历史教训，防止臣下篡夺。魏文侯尊以为师，向他咨询国政。在孔子的学生中，他以"文学"见长。"文学"指古代文献，即孔子所传的《诗》《书》《易》等。"经书礼乐，定自孔子；发明章句，始于子夏。"(《后汉书 · 徐防传》)

原文

法家之流，不能创思远图[1]，法制于近，思不及远。而能受一官之任，错意施巧[2]，务在功成，故巧意生。是谓伎俩[3]，张敞[4]、赵广汉[5]是也。术家之流，不能创制垂则[6]，以术求功，故不垂则。而能遭变用权[7]，权智有余，公正不足，长于权者，必短于正。是谓智意，陈平[8]、韩安国[9]是也。凡此八业，皆以三材为本。非德无以正法，非法无以兴术。是以八业之建，常以三材为本。故虽波流分别[10]，皆为轻事之材[11]也。耳目殊管，其用同功。群材虽异，成务一致。

译文

又如法家之流，不能思谋创制立法，规划长远的方略，却能胜任一定的官职，采取巧妙的办法或措施，这叫做伎俩，张敞、赵广汉就是这种人。又如术家之流，不能创立制度，给后人留下规范，却能在遭遇事变的时候，因事制宜，他们的权谋智慧很高明，然而不那么公平正直，这叫做智意，陈平、韩安国就是这种人。以上八个类型的人才，都是以三材为基础的，因此，他们虽然像水一样，有主干和水波的区别，然而都是能担当大事的人才。

注释

1 **创思远图**：创制立法，规划长远的方略。

2 **错意施巧**：错，通“措”，施行的意思。《商君书 · 错法》：“臣闻古之明君，错法而民无邪。”错意施巧，采取巧妙的办法或措施。

3 **伎俩**：技能。

4 **张敞**：字子高，河东平阳（今山西临汾西南）人。汉宣帝时，以正言切谏，起用为太中大夫。先后任胶东相、京兆尹（首都长安长官）。为政赏罚分明，显善惩恶，尤其是治平盗贼，政绩卓著。后因连坐杨恽党，被免职降为庶人。不久，冀州盗贼猖獗，张敞复职，拜为冀州刺使。他到任以后，查明广川王宠姬的兄弟和王同族宗室刘调等，都是盗贼的保护人，便亲自率人包围王宫，逮捕了刘调等人，断其头悬于王宫门外，并劾奏广川王，一年以后，冀州盗贼平息。他与赵广汉同为西汉著名的能吏。

5 **赵广汉：**字子都，西汉时涿郡蠡吾（今河北博野西南）人。汉宣帝时，任颍川太守。郡中大姓原姓、褚姓宗族与官吏结为朋党，横行一方，前任太守不能制止。广汉到任后，采用分化离间策略，使其互相告讦，几个月后，诛杀原、褚首恶，肃清盗贼。不久迁为京兆尹。广汉待下殷勤，有功皆归于下属。又精明强干，凡盗贼官吏奸情，了如指掌。因此，当时人称他“发奸擿伏如神”。后来因摧辱丞相魏相等罪，被腰斩。受刑前，京师吏民数万人守宫门前叫号哭泣，请求赦免。有人甚至“愿代赵京兆死，使得牧养小民”。（事见《汉书·赵尹韩张两王传》）

6 **创制垂则：**创立制度，留传规范。

7 **遭变用权：**遭逢到非常事变的时候，能够因事制宜。

8 **陈平：**（？—公元前178年）西汉初大臣。阳武（今河南原阳东南）人。少时家贫，好学黄老之术。陈胜起义，他先后投奔魏王咎和项羽，都不被重用。最后归刘邦，任护军中尉。他建议用反间计，使项羽怀疑谋士范增，以封地笼络韩信等，都为刘邦采纳，获得成功。他和张良同为刘邦的主要谋士，历史上以“良平”并称。刘邦在他们的辅佐下，终于战胜项羽，建立了西汉王朝。陈平被封为曲逆侯，历任惠帝、吕后、文帝时丞相。吕后死去，他与周勃等合谋，消灭诸吕势力，迎立文帝。

9 **韩安国：**西汉将领、大臣，字长孺，成安（今河南临汝东南）人。初事梁孝王为中大夫。公元前154年，吴楚七国反，他与张羽为将，阻吴兵不能过梁，吴楚兵破，安国由此显名。汉武帝时，任御史大夫，后为卫尉。公元前133年任护军将军，率三十万大军在马邑伏击匈奴。匈奴单于觉察，先退去，汉军无功。后为材官将军屯于渔阳，兵败，忧郁而死。安国为人多大略，他所推举之人才能多超过他，因此颇受士大夫称慕。

10 **波流分别：**像水的主干和水的波浪那样有所区别。

11 **轻事之材：**轻，可能是“经”的讹文。经事之材，担当大事（任）的人才。

原文

能属文著述[1]，是谓文章，司马迁[2]、班固[3]是也。能传圣人之业，而不能干事施政，是谓儒学，毛公[4]、贯公[5]是也。辩不入道而应对资给[6]，是谓口辩，乐毅[7]、曹丘生[8]是也。胆力绝众，材略过人，[9]是谓骁雄[10]，白起[11]、韩信[12]是也。凡此十二材，皆人臣之任也，名抗其材，不能兼备，保守一官，故为人臣之任也。主德不预焉[13]。

译文

此外，擅长著书写文章的，这叫做文章型，司马迁、班固就是这种人。能宣扬圣人之道，却不能干实事治国家的，叫做儒学型，毛公、贯公就是这种人。有口才，虽然讲的不一定合乎圣人之道，却对答应变，言词不穷，叫做口辩型，乐毅、曹丘生便是这种人。（译者按：乐毅是古代著名政治家和军事家，曹丘生是个辩士，而且功业才识远不能与乐毅相比，作者却把二人相提并论，都列入口辩型人才，这是令人难以理解的。可能传抄有误，或作者别有所据，不得而知。）胆略超过一般人的，叫做骁雄，白起、韩信就是这种人。以上十二种材质，都是做人臣的职能，做君主的德性不包括在内。

注释

1 **属文著述：**作文章写书。

2 **司马迁：**（约公元前 145 年—？）字子长，夏阳（今陕西韩城南）人，西汉史学家、文学家和思想家。汉武帝元封三年（公元前 108 年），继承父亲司马谈之职任太史令，尽阅史官所藏旧史。又到全国各地游历，探访古迹，考察民俗，采集传说。太初元年（公元前 104 年），开始编撰史书，并与唐都、落下闳等共订《太初历》，进行历法改革。数年后，因替李陵战败投降匈奴之事辩护，触怒汉武帝，下狱，受腐刑。出狱后，升为中书令。司马迁以为遭受奇耻大辱，乃发奋著书。历十二年，撰成我国第一部纪传体通史，即《史记》。全书上起黄帝，下迄汉武帝，总括三千余年史事，计五十余万字，其中许多传记形象鲜明，语言生动，后世学者认为是史传文学的典范，对我国史学文学的影响很深远。《史记》在思想上，也多独特的见解。班固评论它："是非颇缪于圣人，论大道则先黄老而后六经。"

3 **班固：**(32年—92年)，字孟坚，东汉史学家，扶风(今陕西咸阳东北)人。自幼能文，博览群书，凡九流百家之书，无不穷究。他的父亲班彪曾收集史料，作《史记后传》数十篇，计划没有完成就死去了。班固继承父亲遗志，历二十余年，著作《汉书》，文辞渊雅，叙事详赡，并开创了我国断代史的体例。《汉书》没有完成，班固死于狱中。他的妹妹班昭和马续奉命续成。班固善作赋，作有《两都赋》等。又著有《白虎通义》，记录汉章帝在白虎观辩论经学的结果。汉和帝时，大将窦宪出征匈奴，他任中护军，撰写《燕然山铭》，记征匈奴之功。后窦宪获罪，他受牵连下狱。

4 **毛公：**即毛亨，西汉经学家。一说鲁(今山东曲阜一带)人，一说河间(今河北献县东南)人。著有《毛诗故训传》，以授毛苌。世称毛亨为"大毛公"，毛苌为"小毛公"。原来秦始皇焚诗书，《诗经》被毁。西汉时，搜索古籍，得齐、鲁、韩、毛四家稿本。自东汉郑玄为《毛传》作笺后，学《毛传》者渐多，其余三家先后亡佚，唯有《毛诗》得以流传至今，为后人研究《诗经》提供了重要的古训古义。

5 **贯公：**事迹不详。据《汉书·儒林传》："谊(贾谊)为《左氏传》训故，授赵人贯公，为河间献王博士，子长卿为荡阴令，授清河张禹长子。"又说："毛公，赵人也。治《诗》，为河间献王博士，授同国贯长卿。"由以上记载推知：贯公姓贯，不知其名，与毛公同为河间献王的博士。二人都是经学家，毛公治诗，贯公治《左氏传》。他的儿子名贯长卿，曾向毛公学《诗经》。

6 **辩不入道而应对资给：**有口才，虽然讲的不一定合乎圣人之道，但是对答论辩言辞不穷。

7 **乐毅：**战国时著名军事家和政治家，中山国灵寿(今河北平山东北)人，长于兵术。燕昭王招贤，乐毅至燕，昭王任为亚卿，欲报齐侵燕之仇。乐毅联合赵、楚、韩、魏，共举兵伐齐。乐毅率五国之兵大破齐军，攻下齐国包括首都临菑在内共七十余城,只剩下莒和即墨二城未下。昭王封乐毅为昌国君。昭王死,儿子惠王立。齐国田单用反间计,使惠王怀疑乐毅。惠王派骑劫代乐毅为将。乐毅恐遭诛灭,逃往赵国。田单率齐军大破骑劫,收复全部失地。惠王后悔了,派人向乐毅解释并致歉意。乐毅复信给惠王,诉说自己一片衷诚,但是谢绝了回燕国的邀请。信写得情文并茂,婉转动人,这就是传诵千古的《乐毅报燕王书》(见《战国策》)。历代有志之士,对乐毅评价很高。诸葛亮隐居隆中之时“每自比于管仲、乐毅”。

8 **曹丘生:**西汉楚国人,能言善辩,《史记·季布栾布列传》记载了他的事迹。季布原为项羽部将,楚亡归汉,当了河东太守。为人任侠尚义,有贤名。季布不喜欢曹丘生为人,拒绝见他。但曹丘生坚持求见,终于见了面。他对季布说,楚人流传一句话,叫做:“得黄金百,不如得季布一诺。”你我都是楚人,我可以到处宣扬你的名声,让天下人皆知,岂不好吗?你为何要拒绝我呢?季布大喜,待为上客。后来季布名满天下,据说是曹丘生宣扬的结果。后人因此把曹丘生或“曹丘”作为引荐、称道或介绍人的代称。

9 **胆力绝众,材略过人:**胆略超过一般的人。

10 **骁雄:**勇猛雄杰。《三国志·吴书·吕蒙传》:“与关羽分土接境,知羽骁雄,有并兼心。”

11 **白起:**(?—公元前257年)战国时秦国名将,郿(今陕西眉县)人。秦昭襄王时,率军破韩、魏联军,消灭敌军二十四万。公元前278年,率军攻楚,攻克楚国首都郢(今湖北江陵北),因功封武安君。公元前260年,长平(今山西高平北)之战,大破赵军,坑杀降卒四十余万。后来遭相国范雎的忌妒,被逼自杀。

12 **韩信:**(?—公元前196年)古代著名军事家。西汉淮阴(今江苏清江西南)人。秦末农民起义,韩信投项羽,不被重用。又归刘邦,也不被重视,乃逃亡。经萧何挽留并向刘邦力荐,被任为大将军。他率军攻取关中,然后用奇计下魏破代。井陉(今河北井陉县东北)之战,以万余人背水为阵,大破赵兵二十万。又乘胜下燕取齐,占据了黄河下游广大土地。刘邦被迫封他为齐王。公元前202年韩信率军与刘邦会合，垓下一战，消灭了项羽。西汉王朝建立后，改封他为楚王，受命与张良整理兵法。他自著《兵法》三篇，已佚失。刘邦对他的评价是："连百万之军，战必胜，攻必取，吾不如韩信。"后来韩信以叛乱罪名，被吕后所杀。

13 主德不预焉：不涉及做君主的人应具备的品德。

原文

主德者，聪明平淡，总达众材[1]，而不以事自任者也。目不求视，耳不参听，各司其官，则众材达，众材既达，则人主垂拱无为而理。**是故主道立，则十二材各得其任也。**上无为，则下当任也。**清节之德，师氏[2]之任也。**掌以道德，教道胄子。**法家之材，司寇[3]之任也。**掌以刑法，禁制奸暴。**术家之材，三孤[4]之任也。**掌以庙谟，佐公论正。**三材纯备，三公[5]之任也。**位于三槐，坐而论道。**三材而微，冢宰[6]之任也。**天官之卿，总御百官。**臧否之材，师氏之佐也。**分别是非，以佐师氏。**智意之材，冢宰之佐也。**师事制宜，以佐天官。**伎俩之材，司空[7]之任也。**错意施巧，故掌冬官。**儒学之材，安民之任也。**掌以德毅，保安其人。**文章之材，国史[8]之任也。**宪章纪述，垂之后代。**辩给之材，行人[9]之任也。**掌之应答，送迎道路。**骁雄之材，将帅之任也。**

译文

君主的德性，是聪明平淡，总揽各类人才，使其各尽所能，而君主本人不担负任何具体职务。因此，君主之道实行了，十二种人才就能各得其所。有清节家之德行，可以担任师氏的职务。有法家之材，可以担任司寇的职务。有术家之材，可以担任三孤的职务。三材（德、法、术）皆备，也就是所谓"国体"，可以担任三公的职务。三材皆微，也就是所谓"器能"，可以担任冢宰的职务。臧否之材，可以担当师氏的助手。智意之材，可以担任冢宰的助手。伎俩之材，可以担任司空的职务。儒学之材，可以担当安定民心的任务。文章之材，可以担任国史的职务。辩给之材，可以担任行人的职务。骁雄之掌辖师旅，讨平不顺。**是谓主道得而臣道序**[10]**，官不易方，而太平用成。**[11]太平之所以成，由官人之不易方。若使足操物，手求行，四体何由宁，理道何由平。**若道不平淡，与一材同用好，**[12]譬大匠善规，惟规之用。**则一材处权**[13]**，而众材失任矣。**惟规之用，则矩不得立其方，绳不得经其直。虽目运规矩，无由成矣。

材，可以担任将帅的职务。这就是所谓君主之道掌握住了，人臣之道也理顺了，这样，百官不必变更方术，就可以求得天下太平。如果君主不尚平淡之道，去总揽众材，而只赞许某一类型的人才，这类人才又只用自己同类型的人才，这样一来，一类型的人才当权，其他各类型的人才就得不到适当的职位了。

注释

1 **总达众材：**总揽各类人才，使其各尽所能。

2 **师氏：**古代官名。《周礼 · 地官 · 师氏》："以三德教国子。"（教贵族子弟学习三种品德。）春秋战国时，各国设立师或傅，作为国君的老师。又《礼记·文王世子》："师也者，教之以事而喻诸德也。"氏是尊称。"氏所以别贵贱，贵者有氏，贱者有名无氏。"（见《通志 · 氏族略序》）

3 **司寇：**古代中央行政机构的官职名。西周中央设六官，也称六卿，司寇是其中之一。"司寇协奸"（《国语·周语上》），是掌管刑狱、纠察等事的，春秋、战国时沿用。后代官制沿革，从隋、唐开始，中央设六部，其中有刑部，掌管之事与司寇相当，后世因称刑部尚书为大司寇，刑部侍郎为少司寇。

4 **三孤：**周代称太师、太傅、太保三官为三公，少师、少傅、少保为三孤或三少。三少或三孤是三公的副手。

5 **三公：**周代三公有两说。一说，司马、司徒、司空为三公；一说，太师、太傅、太保为三公。西汉时以丞相（大司徒）、太尉（大司马）、御史大夫（大司空）合称三公。东汉时以太尉、司徒、司空合称三公。《尚书·周官》称三公："论道经邦，燮理阴阳。"可见三公是共同辅佐国君，主持军政的最高长官。

6 **冢宰:**官名,也称太宰,古代六官之一。《周礼·天官》称太宰(即冢宰):"掌建邦之六典,以佐王治邦国。"(六典是立国的六种制度,即:治典、教典、礼典、政典、刑典、事典。)冢宰为六官之长,辅佐国君理政的重臣,因此,后世以冢宰为宰相的别称。

7 **司空:**官名,为六卿(或称六官)之一。西周始置,春秋、战国时沿置。掌管工程建筑等事。后世因称工部尚书为大司空。

8 **国史:**古代史官名。《诗序》:"国史明乎得失之迹。"孔颖达疏:"国史者,周官大史、小史、外史、御史之等皆是也。"国史的主要职责是记载国家大事,修编史书,起草文书等。

9 **行人:**古代官名。据《周礼》载,秋官有行人,管朝觐聘问。春秋、战国时,各国都设有行人的专职。又是使者的通称。《管子·侈靡》:"行人可不有私。"(使者不能有私交私利。)

10 **臣道序:**理清了做人臣之道。

11 **官不易方,而太平用成:**官不用改变方术,就可因此得到太平。

12 **若道不平淡,与一材同用好:**如果君主不以平淡之道总达众材,而只赞许某一类型人才;这种人才又只用与自己同样的人才,……。用,任用。好,爱好。

13 **处权:**当权。

材理第四

材既殊涂，理亦异趣。故讲群材，至理乃定。

导读

本篇讨论了人才和说理的关系。凡办一件大事,必须辨明道理,把大家的思想统一起来。可是,这一点却不容易做到。

作者认为,天下有四种理,即道理、事理、义理和情理。要明白这些理,必须人的质性和那种理相合。他分别说明了某种质性的人,能明白某种道理,这就叫做“明有四家”。这也表明,各种理是难以相互沟通的。再一点,由于人的性格不一样,各有优点和缺点。同一个人,他的优点使他能明白某种理,而他的缺点却妨碍他明白另一种理。他列举了九种人明理的得失情况,这叫做“情有九偏”。再一点,人的内情和外部表现并非完全一致,换句话说,就是存在着假象,往往使人迷惑。他举出辨论中的七种假象,这叫做“流有七似”。还有说理过程中,难免发生三种失误。有的人不是“以理取胜”,而是“以辞取胜”,这是一失。由于性格不一,说的理不合对方的质性,就听不入耳,这是二失。有的人不善表达,说一百句话也说不清一个意思,这是三失。更有甚者,在争论当中,由于言辞或方法不当等原因,还结成怨恨,造成嫌隙。作者共举出六种原因和六种后果,这叫做“难有六构”。

尽管说理如此之难,还是应该通过争论弄清什么是真理。这就要求说理的人具备八种能力;有了八种能力,才可以通天下之理,能通理然后能通人,这就叫做“通有八能”。对于具有上述某种能力的人,作者分别命名为某种人才,共有八种这样的人才,因称之为“八材”。而兼有八能的人,可称“通材”,也就是最善于论理的人才。

原文

夫建事立义[1]，莫不须理[2]而定。言前定则不惑，事前定则不踬。及其论难[3]，鲜能定之。夫何故哉？盖理多品而人材异也。事有万端，人情舛驳，谁能定之。夫理多品，则难通。人材异，则情诡[4]。情诡，难通，则理失而事违也。情诡理多，何由而得。夫理有四部[5]，道义事情，各有部也。明有四家[6]，明通四部，各有其家。情有九偏[7]，以情犯明，得失有九。流有七似[8]，似是而非，其流有七。说有三失[9]，辞胜理滞，所失者三。难有六构[10]，强良竞气，忿构有六。通有八能[11]。聪思明达，能通者八。

译文

凡创建一项事业，树立一种规范，必须使大家弄清道理，才能决定下来。到了发生争辩的时候，就很难定下来了。为什么呢？因为道理有多种，而人才是多样的。道理多种，就难以贯通；人才多样，情志不免相互诡反。情诡，难通，必然真理不明，事业受到阻挠。要知道：理有四类，明理的有四家，人的情志会造成九种偏差，流变可造成七种似是而非的现象，说理可能有三种失误，诘难会构成六种不良的后果，贯通理必须有八种能力。

注释

1 **建事立义**：创建一项事业，建立一种制度或规范。

2 **理**：道理。中国哲学概念。通常指条理、准则、规律。本文把理分为四大类，其中一类称为道理，它和平常所说的“道理”不是一个意思。它的意思是天地间普遍的规律。《韩非子·解老》：“万物各异理，万物各异理而道尽。”意思是万物各有其特殊规律，道包含在特殊规律总和之中，道乃是普遍的规律。

3 **论难**：难音 nàn。论难，辩论诘难。《后汉书·桓荣传》：“车驾幸太学，会诸博士论难于前。”

4 **情诡**：感情志趣互相诡反。

5 **理有四部**：理有四大类。“四部”和“四家”及以下“九偏”“七似”等，下文都有说明。

6 **明有四家**:明白“四部”的有四种人才。

7 **情有九偏**:情感会造成九种偏差。

8 **流有七似**:流变而成七种似是而非的现象,简言之,就是七种假象。

9 **说有三失**:说理有三种失误。

10 **难有六构**:诘难会构成六种不良后果。难,诘难、争辩。构,构成、结成间隙,含有造成不良后果的意思。

11 **通有八能**:沟通道理必须有八种能力。

原文

若夫天地气化[1],盈虚损益[2],道[3]之理也。以道化人,与时消息。法制正事[4],事之理也。以法理人,务在宪制。礼教宜适[5],义[6]之理也。以理教之,进止得宜。人情[7]枢机[8],情之理也。观物之情,在于言语。

译文

至于天地间阴阳之气化生万物,按盈虚损益的规律运动不息,这就是大道之理。法制使事情走上正轨,这就是事情之理。礼教使人行止适宜,这就是伦理规范之理。人情有其枢机,这就是人情之理。

注释

1 **气化**:中国哲学术语,指阴阳之气化生万物。

2 **盈虚损益**:盈,充满。虚,空虚。损,减少。益,增加。中国古代哲学家认为,天地万物永远处在往复变化之中,由盈而虚,由虚而盈;由损而益,由益而损。《周易·丰卦》:“日中则昃,月盈则食,天地盈虚,与时消息。”(消,消减;息,增长。)

3 **道**:有多种含义。这里指的是宇宙万物的本原、本体。《老子》:“有物混成,先天地生……可以为天下母,吾不知其名,字之曰道。”

4 **法制正事**:正,作动词用,匡正,端正,使……正。法制使事情走上正轨。

5 **礼教宜适**:礼教,古代社会为巩固其等级制度和宗法关系而制定的条例和道德标准。宜适,应该适当。

6 **义**:正义,思想行为的标准,社会的伦理规范。《礼记·中庸》:“义者宜也。”

7 **人情**：人的情感。《礼记·礼运》："何谓人情？喜、怒、哀、惧、爱、恶、欲，七者弗学而能。"

8 **枢机**：枢，门上的转轴。机，弩上射箭的构件。枢机，比喻制动事物的关键部分。《周易·系辞上》："言行，君子之枢机。"《国语·周语下》："夫耳目，心之枢机也。"

原文

四理不同，其于才也，须明而章[1]，明待质[2]而行。是故质于理合，合而有明，明足见理，理足成家。道义与事，情各有家。是故质性平淡，思心玄微[3]，容不躁扰，其心详密。能通自然[4]，道理之家也。以道为理，故能通自然也。质性警彻[5]，权略机捷[6]，容不迟钝，则其心机速。能理烦速[7]，事理之家也。以事为理，故审于理烦也。质性和平，能论礼教，容不失适，则礼教得中。辩其得失，义礼之家也。以义为礼，故明于得失也。质性机解[8]，推情原意[9]，容不妄动，则原物得意。能适其变，情理之家也。以情为理，故能机物之变。

译文

四理互不相同，对于人的才力来说，要求既聪明而又能实现聪明。人的聪明要靠他的质性来实现。所以，质性必须与理性结合。一定的质性与一定的理相合才显出聪明，聪明才能够认识那种理，认识了那种理就成为专家。因而质性平淡的人，思想深沉而精微，能通晓自然变化的法则，就成为道理之家。质性警彻，运用权谋机灵速捷，善于处理繁剧而紧迫的事务，就成为事理之家。质性和平，对于礼教深有研究，能指出礼教实施中的得失，就成为义理之家。（译者按：根据上文，这里应该是"义理"，而不是"义礼"。）质性机敏而通达人事，能以己之情意推知他人之情意，因事制宜，就成为情理之家。

注释

1 **章**：成事成文曰章。《孟子·尽心上》："君子之志于道也，不成章不达。"成章就是达到一定的目标。

2 **质**：资质、素质、质地。

3 **玄微**：深沉精微。

4 **自然**：天然，非人为的。《老子》："人法地，地法天，天法道，道法自然。"（人以地为法则，地以天为法则，天以道为法则，道以它自己的样子为法则。）

5 **警彻**：机警透彻。

6 **权略机捷**：运用权谋机灵敏捷。

7 **能理烦速**：善于处理繁剧而紧迫的事务。

8 **机解**：聪明颖悟。

9 **推情原意**：以己之情意，推想别人之情意。

原文

四家之明既异，而有九偏之情。以性犯明，各有得失。明出于真，情动于性，情胜明，则蔽，故虽得而必丧也。刚略[1]之人，不能理微。用意粗疏，意不玄微。故其论大体，则弘博[2]而高远，性刚则志远。历纤理，则宕往[3]而疏越。志远故疏越。抗厉[4]之人，不能回挠[5]。用意猛奋，志不旋屈。论法直，则括处[6]而公正，性厉则理毅。说变通，则否戾[7]而不入。理毅则滞碍。坚劲之人[8]，好攻其事实。用

译文

以上四家，各人聪明之处既不相同，又有认识上的九种偏差的情况。由于质性干预了聪明，所以在认识上有得有失。刚略之人，即刚强而只注重大略的人，不能深察细微；因此，他谈起大事体来，显得视野辽阔，见识高远，具体地分析事理，却显得不着边际，迂阔粗疏。抗厉之人，即志高而严厉的人，不屈不挠，因此，谈到依法行事，他是公正严格的，如要按不同情况变通办理，他就抵触不通。坚劲之人，即坚强正直的人，好讲求实际；他剖析事情的内在机理，显得聪

意端确，言不虚徐。**指机理，则颖灼[9]而彻尽。**性确则言尽。**涉大道，则径露[10]而单持[11]。**言切则义少。**辩给之人[12]，辞烦而意锐。**用意疾急，志不在退挫。**推人事，则精识而穷理。**性锐则穷理。**即大义，则恢愕[13]而不周。**理细故遗大。

敏而透彻，谈到理论原则，却显得肤浅而片面。辩给之人，即能言善辩之人，说起话来言辞不穷，锐意求胜，同他讨论人事，显得见识精到，说理透彻，涉及原则性的大问题，就看不到全局和大体。

注释

1 **刚略：**刚强而粗略，个性刚强，对事只看大体，不计细节。

2 **弘博：**宏大而广博。

3 **宕往：**宕(dàng)，荡，放荡。《论语·阳货》："好智不好学，其蔽也荡。"孔安国解释说："荡，无所适守也。"往，去的意思。宕往，放荡而无着落。

4 **抗厉：**抗，通"亢"，高，高尚也。厉，严厉。抗厉，志气高尚而态度严厉。

5 **回挠：**回，转弯、回头。挠，屈服。

6 **括处：**词义不明。查《尚书·太甲上》有："若虞机张，往省括于度，则释。"括是箭之末端，度是法度，射者的依准。是否括处（繁体"處"）为"括度"之误。括度有"准确""严格"义。

7 **否戾：**否，闭塞、不通。戾(lì)，违反，不讲情理。

8 **坚劲之人：**坚强的人。

9 **颖灼：**颖(yǐng)，聪敏。灼，明白。

10 **径露：**径，直，直截了当。露，显露，引申为肤浅。

11 **单持：**持其一端，片面性。

12 **辩给之人：**口才敏捷的人。

13 **恢愕：**词义不明，译文依句意，下同。

原文

浮沉之人[1]，不能沉思。用

译文

浮沉之人，即随波逐流的人，不

意虚廓，志不渊密。**序疏数[2]，则豁达而傲博[3]。**性浮则志微。**立事要，则爁炎[4]而不定。**志傲则理疏。**浅解之人，不能深难。**用意浅脆，思不深熟。**听辩说，则拟锷[5]而愉悦。**性浅则易悦。**审精理，则掉转而无根。**易悦故无根。**宽恕之人，不能速捷。**用意徐缓，思不速疾。**论仁义，则弘详而长雅。**性恕则理雅。**趋时务，则迟缓而不及。**徐雅故迟缓。**温柔之人，力不休强。**用意湿润，志不美悦。**味道理，则顺适而和畅。**性和则理顺。**拟疑难，则濡懦[6]而不尽。**理顺故依违。**好奇之人，横逸[7]而求异。**用意奇特，志不同物。**造权谲，则倜傥[8]而瓌壮[9]。**性奇则尚丽。**案清道，则诡常[10]而恢迂[11]。**奇逸故恢诡。**此所谓性有九偏，各从其心之所可以为理。**心之所可以为理，是非相蔽，终无休已。

能深思，与他海阔天空地漫谈，他显得洒脱而渊博，但是，要和他商定大事的时候，他就像火焰一样，闪烁不定。浅解之人，即见事粗浅的人，不能反复思考，与人辩论，能心悦诚服地接受意见，如果进一步深究，他又轻易地改变了态度。宽恕之人，即心地宽厚的人，思想不敏捷，讲仁义道德问题，他显得博大精深，处理实际事务时，他显得迟缓无能。温柔之人，即性情柔和的人，魄力不足，体会深奥的道理时，他的思路通畅，要忖度疑难的问题，他就软弱无能。好奇之人，即喜欢创新的人，才华超逸，立意不同凡俗，在用权谋、行谲诈方面，他显得卓越而奇伟，如按正道去考察，他就违背而远离了常理。以上就叫做性有九偏。各种人都把自己认为对的当作道理。（译者按：这一段原文中有的词义难解，疑有误字，暂按上下文意译。以下遇有同样情况，也用意译。）

注释

1 **浮沉之人：**随波逐流的人，对事不认真。

2 **疏数：**《穀梁传·隐公九年》："志疏数也。"其《疏》曰："远者为疏，近者为数。"

3 **傲博**:词义不明。

4 **燣炎**:燣(lǎn)。《淮南子·览冥训》:“火燣炎而不灭。”燣炎,延烧也。

5 **拟锷**:拟,揣度。锷,剑刃。拟锷,用手指试剑刃,测度他的利钝程度。

6 **濡懦**:濡(rú),沾湿、柔顺。濡懦,怯懦。

7 **横逸**:才能超逸。

8 **倜傥**:倜傥(tì tǎng),卓越,不拘于俗。

9 **瓌壮**:瓌,同“瑰”。瑰壮,奇伟。

10 **诡常**:违反常道。

11 **恢迂**:恢,广大、扩大。迂,绕远,不合时宜。

原文

若乃性不精畅,则流有七似。有漫谈[1]陈说,似有流行[2]者。浮漫流雅,似若可行。有理少多端[3],似若博意[4]者。辞繁喻博,似若弘广。有回说合意[5],似若赞解者。外佯称善,内实不知。有处后持长,从众所安,似能听断者。实自无知,如不言,观察众谈,赞其所安。有避难不应,似若有余,而实不知者。实不能知,忘佯不应,似有所知,而不答者。有慕通口解,似悦而不怿者。[6]闻言即说,有似于解者,心中漫漫不能悟。有因胜情失,穷而称妙,辞已穷矣,自以为妙而未尽。跌则掎跖[7],理已跌矣,而

译文

假如人们的质性不纯,或者真意没有表达出来,在论理过程中,就会产生七种似是而非的假象。有的人漫谈过时的陈说,似乎是现时流行的新论。有的人讲的话,道理少而头绪多,听起来好似含义非常丰富。有的人本来没有听清别人的话,却假意说和他想的一样,似乎他既理解又赞同别人的意见。有的人在人家议论中长时间沉默,看清了多数的倾向他便附和,似乎他既能听取又善于判断。有的人对别人提出的疑难避而不答,似乎胸有成竹,其实他根本不知道怎样回答。“有慕通口解,似悦而不怿者。”(此处语义不解)有的人在与人辩论的时候,由于求胜心切而不能自

强牵据。**实求两解，似理不可屈者。**辞穷理屈，心乐两解，而言犹不止，听者谓之未屈。**凡此七似，众人之所惑也。**非明镜焉能监之。

制，本来已经无话可说了，硬说自己还有玄妙的道理，本来已经输理了，硬要拽着对手不放，实意呢，是想彼此不分胜负，旁人不明白，以为他似乎有理而不肯屈服。以上"七似"，就是一般人被迷惑的现象。

注释

1 **漫谈：**随意地谈论。

2 **流行：**迅速传播或盛行一时。

3 **多端：**许多头绪，或诸多缘由。

4 **博意：**丰富的含意。

5 **回说合意：**佯装同意别人的话。

6 **慕通口解，似悦而不怿者：**意思不大明白。好像是说：对别人讲的话，自己口是心非，还装出愉悦的样子。

7 **跌则掎跖：**跌，摔倒，引申为失足或失误。《汉书·晁错传》："夫以人之死争胜，跌而不振，则悔之亡及也。"掎，拖住，引申为牵制。跖(zhí)，足的下部。《淮南子·说山训》："善学者若齐王之食鸡，必食其跖。"跌则掎跖，意为失败了，就拖住对方的脚。

原文

夫辩有理胜，理至不可动。**有辞胜。**辞巧不可屈。**理胜者，正白黑以广论，释微妙而通之。**说事分明，有如粉黛，朗然区别，辞不溃杂。**辞胜者，破正理以求异，求异则正失矣。**以白马非马，一朝而服千人，及其至关禁锢，直而后过也。**夫九偏之材，有同，有反，有杂。同则相解，**

译文

辩论当中，有以理取胜的，有以辞取胜的。以理取胜的，就是分辨是非以阐明论点，讲清微妙的道理以说服对方。以辞取胜的，就是打破正理以求新异，求异的结果就失去了真理(这是一"失")。再说上述"九偏"的人才，他们相互间有相同的，有相反的，譬水流于水。**反则相非，**犹火灭于水。**杂则相恢**[1]。亦不必同，又不必异，所以恢达。**故善接论者，度所长而论之。**因其所能，则其言易晓。**历**[2]**之不动，则不说也。**意在杓马，彼俟他日。**傍无听达，则不难也。**凡相难讲，为达者听。**不善接论者，说之以杂反。**彼意在狗，而说以马，彼意大同，而说以小异。**说之以杂反，则不入矣。**以方入圆，理终不可。**善喻者，以一言明数事。**辞附于理，则言寡而事明。**不善喻者，百言不明一意。**辞远乎理，虽泛滥多言，己不自明，况他人乎。**百言不明一意，则不听也。**自意不明，谁听之。**是说之三失也。**

也有既相同又相反错杂的。相同就能相互了解，相反就会相互排斥，错杂的就相互包容。因此，善于和人论理的人，忖度对方的长处去说理。一次又一次说不动他，就不再说下去。旁边没有明达的听者，就不进行辩论。不善于说理的人，用对方反对的或听不进的道理企图说服对方，当然人家听不进去（这是第二"失"）。善于说服别人的人，用一句可以说清许多意思。不善于说服别人的人，一百句话也说不清一个意思。用一百句话也说不清一个意思，就没有人愿意听了。以上就是说理的"三失"。

注释

1 相恢：据刘昞注，相恢，是相恢达之意，彼此互相宽容。

2 历：历，有经过、普遍、分辨、治理等义，在本文为"历观"的意思。

原文

善难者，务释事本。每得理而止住。**不善难者，舍本而理末。**逐其言而接之。**舍本而理末，则辞构矣。**不寻其本理，而以烦辞相文。**善攻强者，下其盛锐**[1]，对家强梁，始气必盛，故善攻强者，避其初鼓也。**扶其**

译文

善于辩论的人，只求把事情的主要之点讲解明白就行了。不善于辩论的人，丢开主要的，去计较次要的，也就是舍本而理末，结果造成纯粹口舌之争。善于对付强硬敌手的人，先避开他的盛锐本指[2]，以渐攻之。三鼓气胜，衰则攻易。不善攻强者，引其误辞以挫其锐意。强者意锐，辞或暂误，击误挫锐，理之难也。挫其锐意，则气构[3]矣。非徒群言交错，遂至动其声色。善蹑失者[4]，指其所跌。彼有跌失，暂指不逼。不善蹑失者，因屈而抵其性。陵其屈跌而抵挫之。因屈而抵其性，则怨构[5]矣。非徒声色而已，怨恨逆结于心。或常所思求，久乃得之。仓卒谕人[6]，人不速知，则以为难谕。已自久思，而不恕人。以为难谕，则忿构[7]矣。非徒怨恨，遂生忿争。

之气，帮助他说明本来的意思，渐次进行批驳。不善于对付强硬敌手的人，抓住人家的言词失误去挫他的锐气，这样一来，就引起对方的恼恨。善于追踪对方失误的人，只指出他的跌失。不善于追踪对方失误的人，趁对方理屈而挫伤他的气性，这样"因屈而抵其性"，就结成了怨恨。有的人时常思考求索，过了很久才领悟了一个道理，仓猝间告诉别人，人家不能马上理解，就说人家迟钝，难以教导，这样就引起对方的气愤。

注释

1 **下其盛锐**：避开他那盛锐之气，本于《孙子兵法·军争》："故善用兵者，避其锐气，击其惰归。"

2 **扶其本指**：掌握住他的本意，或主要之点。

3 **气构**：结成恼怒之气。

4 **善蹑失者**：蹑(niè)，踏，追踪。善于追踪别人失误的人。

5 **怨构**：怨，怨恨。结成了怨恨。"怨"和"恨"在表示"怨恨"时是同义词。分开来说，"怨"表示的程度深，"恨"表示的程度浅。

6 **仓卒谕人**：卒(cù)，同"猝"。仓卒，匆忙、急遽。谕，使人理解。急急忙忙地告诉人，要求别人理解。

7 **忿构**：忿，同"愤"。忿构，结成了愤恨。忿和后文的怒有一点区别，忿是在心里，怒是发泄于外，生气。

原文

夫盛难之时，其误难迫[1]。气盛辞误，且当避之。**故善难者，征之使还**[2]。气折意还，自相应接。**不善难者，凌而激之**[3]**，虽欲顾藉**[4]**，其势无由。**弃误顾藉，不听其言。**其势无由，则妄构**[5]**矣。**妄言非訾，纵横恣口。**凡人心有所思，则耳且不能听。**思心一至，不闻雷霆。**是故并思俱说，竞相制止，欲人之听己，**止他人之言，欲使听己。**人亦以其方思之故，不了己意，则以为不解。**非不解也，当己出言，由彼方思，故人不解。**人情莫不讳**[6]**不解。**谓其不解，则性讳怒。**讳不解，则怒构**[7]**矣。**不顾道理是非，于其凶怒忿肆。**凡此六构，变**[8]**之所由兴也。**

译文

在辩论激烈的时候，对方言词有误，不宜追逼，因此，善于辩论者，证明对方错了，允许他改正。不善于辩论的人，趁势欺压和刺激人家，对方想回心转意，也没有可能。既没有可能，就导致胡言乱语的局面。人们心里在思考着什么，一时耳朵就听不见。所以，在你要思考问题而他要说话的情况下，就竞相打断对方，想要别人听自己说话。人家因为正在思考，不了解自己的意思，于是就以为别人不明白。人之常情，都忌讳别人说自己不明白，谁说他不明白，就会引起他的愤怒。以上“六构”，就是所以引起纠纷的原因啊！

注释

1 **其误难迫**：难以迫使他承认错误。

2 **征之使还**：证明对方错误，让他改正。

3 **凌而激之**：凌压而又激怒人。

4 **顾藉**：顾，回头看。藉，依靠。顾藉，找退路。

5 **妄构**：造成妄言妄语（胡言乱语）的结果。

6 **讳**：忌讳。

7 **怒构**：造成发怒的结果。

8 **变**：事变、事故。本文似作“纠纷”解为宜。

原文

然虽有变构，犹有所得。造事立义，当须理定，故虽有变说小故，终于理定功立。**若说而不难，各陈所见，则莫知所由矣。**人人竞说，若不难质，则不知何者可用也。**由此论之，谈而定理者，眇[1]矣。**理多端，人情异，故发言盈庭，莫肯执其咎。**必也聪能听序[2]，**登高能赋，求物能名，如颜回听哭，苍舒量象。**思能造端[3]，**子展谋侵晋，乃得诸侯之盟。**明能见机[4]，**臾骈睹目动，即知秦师退。**辞能辩意[5]，**伊藉答吴王，一拜一起未足为劳。**捷能摄失[6]，**郭淮答魏帝曰，自知必免防风之诛。**守能待攻[7]，**墨子谓楚人，吾弟子已学之于宋。**攻能夺守[8]，**毛遂进曰，今日从为楚不为赵也，楚王从而谢之。**夺能易予[9]。**以子之矛，易子之盾，则物主辞穷。**兼此八者，然后乃能通于天下之理。通于天下之理，则能通人矣。不能兼有八美，适有一能，**所谓偏材之人。**则所达者偏，而所有异目矣。**各以所通，而立其名。

译文

不过，辩论虽然可能引起纠纷，还是有收获的。如果只是说明而不辩论，各述各的见解，就不知道照谁说的去做了。由此说来，漫谈能够弄清道理的可能性是很小的。必须善于听取，能辨明主次先后；善于思考，能够认识事物的始末；善于观察，能够发现事物变化的苗头；善于言辞，能够把意思表达得明白而动听；反应敏捷，能够及时补救失误；善于防守，能够作好准备，应付对方的一切攻击；善于进攻，能够冲破对方的防守；为了使对方丧失防守，还能够先对他表示赞许。兼有以上八种能力，然后才能通晓天下的道理。通晓了天下的道理，就能说服众人了。如果一个人不能兼备这八种能力，而恰好只有一种，那么他能通晓的道理自然偏于一面，他的才能也因所通晓的道理不同而有不同的名称。

注释

1 眇：(miǎo)，微小。《管子·水地》："察于微眇。"

2 听序：听，判断。判断事物的主次、先后等。

3 **造端**：起始、发端。《礼记·中庸》："君子之道，造端乎夫妇。"（君子之道，起始于夫妇之间的浅近道理。）

4 **见机**：辨风色，看情况。

5 **辩意**：把意思讲得明白而巧妙。

6 **摄失**：摄，收敛。《庄子·胠箧》："则必摄缄縢固扃鐍。"摄失，有了失误，及时收敛和加以补救。

7 **守能待攻**：就防守而言，能做好充分准备，等待对方来攻。本于《孙子兵法·形篇》："先为不可胜，以待敌之可胜……不可胜者，守也。"

8 **攻能夺守**：夺，使……丧失。就进攻而言，能够使对方无法防守。

9 **夺能易予**：予，通"与"，赞许。全句意思是：为了使对方丧失防守，先对他表示赞许。（"易"是交换，用"与"换取"夺"。）《资治通鉴·周纪一》引《周书》曰："将欲败之，必姑辅之。将欲取之，必姑与之。"可为参证。

原文

是故聪能听序，谓之名物[1]之材。思能造端，谓之构架[2]之材。明能见机，谓之达识[3]之材。辞能辩意，谓之赡给[4]之材。捷能摄失，谓之权捷[5]之材。守能待攻，谓之持论[6]之材。攻能夺守，谓之推彻[7]之材。夺能易予，谓之贸说[8]之材。

译文

所以，善于听取，能够辨明主次先后的，就叫做名物之材。善于思考，能够认识事情始末的，叫做构架之材。善于观察，能够发现事物变化苗头的，叫做达识之材。善于言辞，能够把意思表达得明白而动听的，叫做赡给之材。反应敏捷，能够及时抓住失误的，叫做权捷之材。善于防守，能够作好准备应付对方攻击的，叫做持论之材。善于进攻，能够冲破对方防守的，叫做推彻之材。为了夺取，先给予对方赞许的，叫做贸说之材。

注释

1 **名物**：辨别事物的名称。蔡邕《彭城姜肱碑》："有名物定事之能。"

2 **构架**：创造建立。

3 **达识**：见识通达，看事情透彻。

4 **赡给**：赡（shàn），充裕、足够。给，敏捷。言词敏捷，应付裕如。

5 **权捷**：能随机应变。

6 **持论**：能坚持正论。

7 **推彻**：推究事理，贯彻到底。

8 **贸说**：贸，交易、变换，裴骃《史记集解序》："世之惑者，定彼从此，是非相贸，真伪舛杂。"贸说，能变换其说以服人。

原文

通材之人，既兼此八材，行之以道。与通人[1]言，则同解而心喻。同即相是，是以心相喻。与众人言，则察色而顺性。下有盛色，避其所短。虽明包众理，不以尚人[2]，恒怀谦下，故处物上。聪睿资给[3]，不以先人。常怀退后，故在物上。善言出己，理足则止。通理则止，不务烦辞。鄙误在人，过而不迫。见人过跌，辄当历避。写人之所怀，扶人之所能。扶赞人之所能，则人人自任矣。不以事类犯人之所婟[4]。胡故反。与盲人言，不讳眇瞎之类。不以言例及己之所长。己有武力，不与虓虎之伦。说直说变，无所畏恶。通材平释，信而后谏，虽触龙鳞，物无害者。采虫声之善音[5]，不以声丑，弃其善曲。赞愚人之偶得。不以人愚，

译文

通材之人，既兼有上述八材，又能按正确的方式方法去做。他跟那学识渊博贯通古今的人说话，就能心领神会。跟一般的人说话，就观察对方的神色顺着他的性情去讲。自己尽管通晓天下的道理，并不强加于人；尽管聪明才智非凡，并不自居人先。只求自己说的话是正确的，道理说清楚了就打止；别人说了鄙陋和错误的话，知道他错了并不追逼。尽量表达别人的心，帮助别人发挥所能。不以类似的事物触犯别人爱护的东西，不以举例，涉及自己之所长。不管别人说直话也好，说怪话也好，既无所畏惧，也无所憎恨。虫声嘈杂，选取其中的好音。愚夫千虑，

废其嘉言。**夺与有宜，去就不留。方其盛气，折谢不吝**[6]。不避锐跌，不惜屈挠。**方其胜难，胜而不矜**。理自胜耳，何所矜也。**心平志谕，无适无莫**[7]，付是非于道理，不贪胜以求名。**期于得道而已矣。是可与论经世而理物**[8]**也**。旷然无怀，委之至当。是以世务自经，万物自理。

偶有一得，即加以赞许。该反对的，该赞许的，掌握得很有分寸。别人愿意谈就谈，不愿谈的也不勉强。当自己盛气的时候，能够克制情绪向对方道歉；当自己辩论获胜的时候，没有骄矜之气。心平气和，目的明确，无所谓自得，也无所谓勉强，只希望求得真理就行了。这样的人，才可以与他讨论治国治民的道理。

注释

1 **通人**：学识渊博，贯通古今之人。《论衡·超奇》："博览古今者为通人。"

2 **尚人**：加于人之上。

3 **聪睿资给**：睿(ruì)，智慧、明智。王安石《洪范传》："睿则思无所不通。"天赋高而聪明伶俐。资，天赋。给，口齿伶俐。

4 **嫮**(hù)：恋惜、喜好。

5 **采虫声之善音**：在嘈杂的虫声中，选取好听的曲子。

6 **折谢不吝**：不惜屈己向人道歉。

7 **无适无莫**：适，自得。莫，勉强。无适无莫，没有自得也没有勉强。

8 **经世而理物**：治理国家人民。

材能第五

材能大小，其准不同。量力而授，所任乃济。

导读

本篇论人才的才能。作者着重论说人才必须任用得宜的道理。“人材各有所宜，非独大小之谓也。”因为各种人才的才能是多样的，互不相同。作者列举了八种具有不同才能的人才，一一指出他们适宜担任哪种国家职务。而且国内各地的文化、风俗和民情也有差异，什么样的才能适于治理什么样的地方，也要区别对待。任用得宜可以成功，任用不当也可以招致失败。最后，作者再次强调，人君的才能与人臣的才能各异其趣，“臣以自任为能，君以用人为能”。要点是人君能统御各种人才。

原文

或曰：人材有能大而不能小，犹函牛之鼎[1]不可以烹鸡。愚[2]以为此非名[3]也。夫人材犹器，大小异，或者以大鼎不能烹鸡，喻大材不能治小，失其名也。夫能之为言，已定之称。[4]先有定质，而后能名生焉。岂有能大而不能小乎。凡所谓能大而不能小，其语出于性有宽急。宽者弘裕，急者急切。性有宽急，故宜有大小。宽弘宜治大，急切

译文

有人说：人才有的只能作大用而不能作小用，犹如能装牛的鼎不可用来烹鸡一样。我以为这不是确切的说法。“才能”作为一个语词，乃是一定的质的名称，哪有某个人才只能作大用不能作小用的道理！凡所谓能大用不能小用的，那话的本意是，人才的性情有宽有急，因此有的适宜治理大地区，有的适宜治理小地区。气

宜治小。宽弘之人，宜为郡国[5]，使下得施其功，而总成其事。急切则烦碎，事不成。急小之人，宜理百里[6]，使事办于己。弘裕则网漏，庶事荒矣。然则郡之与县，异体[7]之大小者也。明能治大郡，则能治小郡，能治大县，亦能治小县。以实理宽急论辨之，则当言大小异宜，不当言能大不能小也。若能大而不能小，仲尼岂不为季氏臣。若夫鸡之与牛，亦异体之小大也。鼎能烹牛，亦能烹鸡。铫能烹鸡，亦能烹犊。故鼎亦宜有大小。若以烹犊，则岂不能烹鸡乎。但有宜与不宜，岂有能与不能。故能治大郡，则亦能治小郡矣。推此论之，人材各有所宜，非独大小之谓也。文者理百官，武者治军旅。夫人材不同，能各有异。有自任之能[8]，修己洁身，总御百官。有立法使人从之之能，法悬人惧，无敢犯也。有消息辨护之能[9]，智意辨护，周旋得节。有德教师人之能[10]，道术深明，动为物教。有行事使人谴让之能，云为得理，义和于时。有司察纠摘之能[11]，督察是非，无不区别。有权奇之能[12]，务以奇计，成事立功。有威猛之能。猛毅昭著，振威敌国。

量宽弘的人，适宜治理郡国，使下属得以各尽其能，自己则总揽全局，完成全部任务。气量急小之人，适宜治理百里小县，使一县的事情在自己直接指挥下办成。郡跟县，是不同内涵的两种大小嘛！从治理对象和性情宽急来分辨，就应当说宜治大的不宜治小的，或宜治小的不宜治大的，而不应当说能作大用，不能作小用。就说鸡和牛吧，也是不同内涵的两种大小。因而鼎的用场也有宜大不宜小的区别。譬如用来烹牛犊的鼎，难道就不能烹鸡吗？同理，能治大郡的难道就不能治小郡吗？由此推论，人才各有其适宜的用场，不仅是才能大小的问题。人才互不相同，各人的才能也不一样。有的具有修己正身、独力负责的才能，有的具有立法使人遵循的才能，有的具有协调监治的才能，有的具有以道德文化教育人民的才能，有的具有树立榜样使人感化的才能，有的具有督察是非并予纠正指摘的才能，有的具有奇谲非常、成事立功的才能，有的具有勇猛善战、振扬国威的才能。

注释

1 **函牛之鼎**：函，包含、包容。《淮南子·铨言训》："函牛之鼎沸，而蝇蚋(ruì)弗敢入。"鼎，古代煮物之金属容器。函牛之鼎，装得下牛的鼎(锅)。

2 **愚**：古人自称的谦词。

3 **名**：中国古代的逻辑名词。指概念。战国时期名家学派，即以专门研究名实问题而得到这个称号。名家的代表人物公孙龙提出"正名实而化天下"的思想。他著有《名实论》，讲名实的关系："夫名，实谓也。"儒家、墨家都重视和研究了名实问题。荀子说："名也者，所以期累实也。"意思是：名是对实(客观事物的真实性和本质)的反映，是人们表述思想的工具。凡名必须副实，才是确切的名，否则即无意义。本书作者阐析人才问题时，就采用了类似名家的方法。

4 **能之为言，已定之称**："才能"作为一个语词，是一定的质(即内容)的名称。

5 **郡国**：郡是春秋至隋唐的地方行政区划名。国是汉代诸侯王的封域，也是行政区。国的区域略等于郡，同为地方高级行政区划。所以"郡国"连称。汉初，郡直隶中央，王国由分封的诸王统治。吴楚七国之乱以后，王国上、中级官员均由中央政府任免，王国名存实亡。

6 **百里**：百里之地的简称，指一县。旧时称能治百里小县的人才为百里才。

7 **异体**：不同的内容或内涵。

8 **自任之能**：修己正身，独力负责的才能。

9 **有消息辨护之能**：消，消减。息，增长。辨护，照管。《墨子·号令》："养吏一人，辨护诸门。"毕沅注云："辨护，犹言监治也。"此句意为有协调、监治的能力。

10 **德教师人之能**：以道德文化教育人民的能力。

11 **司察纠摘之能**：掌管(负责)监察，纠正指摘的能力。

12 **权奇之能**：奇谲、非常的才能。《汉书·礼乐志二》："志俶傥，精权奇。"王先谦补注："权奇者，奇谲非常之意。"

原文

夫能出于材。材不同量。材能既殊，任政亦异。是故自任之能，清节之材也。故在朝也，则冢宰[1]之任，为国则矫直[2]之政。其身正，故掌天官而总百揆。立法之能，治家[3]之材也。故在朝也，则司寇之任，为国则公正之政。法无私，故掌秋官而诘奸暴。计策之能，术家之材也。故在朝也，则三孤之任，为国则变化之政。计虑明，故转三槐而助论道。人事之能，智意之材也。故在朝也，则冢宰之佐，为国则谐合之政。智意审，故佐天官而谐内外。行事之能，谴让[4]之材也。故在朝也，则司寇之任，为国则督责之政。辨众事，故佐秋官而督傲慢。权奇之能，伎俩之材也。故在朝也，则司空之任，为国则艺事之政。伎能巧，故任冬官而成艺事。司察[5]之能，臧否之材也。故在朝也，则师氏之佐，为国则刻削[6]之政。是非章，故佐师氏而察善否。威猛之能，豪杰之材也。故在朝也，则将帅之任，

译文

人的能力出于材质。材质是不能用一个标准去衡量的。人们的材质和能力既然不一样，那么适于担任的职务和应负之责也就不同。有自任之能的人，属于清节之材。在朝廷里，适于担任冢宰的职务，治理国家应负矫枉扶直之责。有立法之能的人，属于法家之材。在朝廷里，适于担任司寇的职务，治理国家应负主持公正之责。有计策之能的人，属于术家之材。在朝廷里，适于担任三孤的职务，治理国家应负献计应变之责。有人事之能的人，属于智意之材。在朝廷里，适于担任冢宰的助手，治理国家应负令内外和谐之责。有行事之能的人，属于谴让之材。在朝廷里，适于担任司寇的助手（译者按：原文“司寇之任”，从上文看，当为“司寇之佐”），治理国家应负督责百官之责。有权奇之能的人，属于伎俩之材。在朝廷里，适于担任司空的职务，治理国家应负技艺工程之责。有司察之能的人，属于臧否之材。在朝廷里，适于担任师氏的助手，治理国家应负修正削夺之责。有威猛之能的人，属于豪杰之材。在朝廷里，适于担任将

为国则严厉之政。体果毅，故总六师而振威武。

帅的职务，治理国家应负维护国家威严之责。

注释

1 家宰及以下各职称，可参看前《流业第三》文与注。
2 **矫直：**纠正邪曲，使其变为正直。
3 **治家：**当是"法家"之误。证以前《流业第三》。
4 **谴让：**谴责批评。
5 **司察：**即视察，察善恶，别是非。
6 **刻削：**本意是雕刻和刮削。在人事场合使用，有修正削夺的意思。《史记·孝景本纪赞》："至孝景，不复忧异姓，而晁错刻削诸侯。"

原文

凡偏材之人，皆一味之美。譬饴以甘为名，酒以苦为实。**故长于办一官，**弓工揉材，而有余力。**而短于为一国。**兼掌陶冶，器不成矣。**何者？夫一官之任，以一味协五味。**盐人调盐，醯人调醯，则五味成矣。譬梓里治材，土官治墙，则厦屋成。**一国之政，以无味和五味。**水以无味，故五味得其和。犹君体平淡，则百官施其用。**又国有俗化[1]，民有剧易[2]，**五方不同，风俗各异，土有刚柔，民有剧易。**而人材不同，故政有得失。**以简治易则得，治烦则失。**是以王化之政[3]宜于统大[4]，**易简而天下之理得矣。**以之治小，则迂。**网疏而吞舟之奸漏。**辨护之政[5]宜于治烦，**事皆辨护，烦乱乃理。**以之治**

译文

所有那些偏材之人，都像只有一种美味的食品，因此他长于管一个部门或地区，短于治理一个国家。这是为什么呢？因为主管一个部门或地区，好比用一味去与五味合作。治理一国，好比用无味的材料去使五味调和。再说一个国家内，有的地方文化水平低，有的地方文化水平高，人民有难治的，有容易治的，而人才不相同，用来主管政事，不免有的成功，有的失败。所以，王道教化之政，宜于综理国家；用来易,则无易。甚于督促,民不便也。策术之政[6]宜于治难[7],权略无方,解释患难。以之治平,则无奇。术数烦众,民不安矣。矫抗之政[8]宜于治侈[9],矫枉过正,以厉侈靡。以之治弊,则残。[10]俗弊治严,则民残矣。谐和之政[11]宜于治新,国新礼杀,苟合而已。以之治旧,则虚。苟合之教,非礼实也。公刻之政[12]宜于纠奸,刻削不深,奸乱不止。以之治边,则失众。众民惮法,易逃叛矣。威猛之政宜于讨乱,乱民桀逆,非威不服。以之治善,则暴。政猛民残,滥良善矣。伎俩之政[13]宜于治富,以国强民以使。以之治贫,则劳而下困[14]。易货改铸,民失业矣。故量能授官,不可不审也。凡此之能,皆偏材之人也。故或能言而不能行,或能行而不能言。智胜则能言,材胜则能行。至于国体之人,能言能行,故为众材之俊也。

人君之能,异于此。平淡无为,以任众能。故臣以自任为能,竭力致功,以取爵位。君以用人为能。任贤使能,国家自理。臣以能言为能,各言其能,而受其官。君以能听为能。听言观行,而授其官。臣以能行为能,必行其所言。君以能赏罚为能。必

治理小地方,就显得迂阔而脱离实际。辨护之政宜于治理烦难的局面,用来处理简易的问题,就不能便民。策术之政宜于治理奢侈浪费盛行的地方,用来治理贫困匮乏的地方,便会伤害百姓。谐和之政宜于治理新建的国家,用来治理已经稳固的旧邦,就无实际意义。公刻之政宜于纠察奸乱,用于边疆,就会引起逃亡。威猛之政宜于讨平叛乱,用来治理秩序安定的地方,就失于残暴。伎俩之政宜于治理富庶之区,用来治理贫困地区,结果是百姓劳累困苦。因此,衡量人才的能力授予适当的官职,这件事情不能不慎重考虑啊!所有以上讲的能人,都是偏材之人,有的能言而不能行,有的能行而不能言。至于国体之人(译者按:参看本书《流业第三》)既能言又能行,所以是一切人才中的精英。

人君的才能,和以上的人才都不相同。人臣以尽力完成自己的职责为能,人君以任贤使能为能。人臣以能言善辩为能,人君以善于听取为能。人臣以善于执行

当其功过也。**所能不同**，君无为而臣有事。**故能君众材也**。若君以有为，代大匠斫，则众能失巧，功不成矣。

任务为能，人君以善于赏罚为能。人君的才能和众材不同，所以能驾驭一切的人才。

注释

1 **俗化**：文化教养程度低和文化教养程度高。

2 **剧易**：繁难和容易。

3 **王化之政**：即以王道化民的政治。儒家主张以仁义治天下，称为王道。与此相反，主张以武力等强制方法治天下，称为霸道。王道的特点是强调教化，以逐渐转移人心风俗。

4 **统大**：综理大的范围，或大的领域的治理。

5 **辨护之政**：辨护，见前注。注重监督管理的政治。

6 **策术之政**：讲究计谋权术的政治。

7 **治难**：难(nàn)，患难、危难。《韩非子·五蠹》："坚甲厉兵以备难。"治难，对付危难。

8 **矫抗之政**：矫枉过正的治理方法。

9 **治侈**：治理奢侈浪费。《韩非子·解老》："多费之谓侈。"

10 **以之治弊，则残**：弊，疲困，引申为竭尽。《管子·侈靡》："泽不弊而养足。"残，伤害。王夫之《读通鉴论》："选举之不慎，则守令残民。"

11 **谐和之政**：使各方面安定谐和的政治。

12 **公刻之政**：法制严苛的政治。

13 **伎俩之政**：讲求工程技艺的政事。

14 **劳而下困**：当为"民劳而下困"，缺一"民"字。证之本书《利害第六》："其敝也，民劳而下困。"

利害第六

建法陈术，以利国家。及其弊也，害归于己。

导读

本篇论述各种人才在实践中产生的利弊。利益和弊害都是由他们的专长带来的。作者列举了六种人才(清节家、法家、术家、智意、臧否、伎俩),论述了他们各自的专长的特点,他们被任用前后人们对他们的看法,他们的功用以及各自的结局。依作者所论,只有清节家的专长是“无弊而常显”的,其余的人才的专业虽则有利于国家,却都有程度不同的弊害。

原文

盖人业之流[1],各有利害。流渐失源,故利害生。**夫节清[2]之业著于仪容,发于德行,**心清意正,则德容外著。**未用而章[3],其道顺而有化。**德辉昭著,故不试而效。效理于人,故物无不化。**故其未达[4]也,为众人之所进。**理顺则众人乐进之。**既达也,为上下之所敬。**德和理顺,谁能慢之。**其功足以激浊扬清[5],师范僚友。其为业也无弊而常显,**非徒不弊,存而有显。**故为世之所贵。**德信有常,人不能贱。

译文

各种人才的专长,各有利害的一面。清节家的专长表现在他的仪容上,来自他的道德修养。即使没有担任官职,他的这一特点也是引人注目的。他的思想行为顺乎天理人情,而且有教化作用。因此,他没有被重用时,是众人推举的对象。被重用以后,为上下所尊敬。他的功用是能够除恶奖善,做同事朋友的教师和榜样。清节这种专长没有弊害,总是能够显扬,因而为世人所珍贵。

注释

1 **人业之流**：业，专业、艺业、特长，凡所攻治者曰业。《史记·货殖列传》："田农，拙业……卖浆，小业也。"流，相对于源而言，流派，支派。人业之流，各种人才的专长。

2 **节清**：当为"清节"之误，本书其他各处都作"清节"，指清节家。

3 **章**：此处通"彰"，明显、显扬。

4 **达**：显贵。

5 **激浊扬清**：除恶奖善的意思。《尸子·君治》："水有四德……扬清激浊，荡去滓秽，义也。"

原文

法家之业，本于制度，待乎成功而效。法以禁奸，奸止乃效。其道前苦而后治，严而为众。初布威严，是以劳苦。终以道化，是以民治。故其未达也，为众人之所忌。奸党乐乱，忌法者众。已试也，为上下之所惮。宪防肃然，内外振悚。其功足以立法成治，民不为非，治道乃成。其弊也为群枉[1]之所仇。法行宠贵，终受其害。其为业也有敝[2]而不常用，明君乃能用之强，明不继世，故法不常用。故功大而不终。是以商君车裂，吴起支解。

译文

法家的专长，在于变革制度。等到制度变革成功，才显出实效来。法家的一套办法开始实行时，大家叫苦，实行的结果却是天下治平。他的办法虽然严厉，却是为百姓着想的。所以，当法家未被起用时，人们嫉妒他。被任用以后，上下的人又害怕他。他的功用是能够建立起法律制度，达到政治清明，社会安定。对他不利的是遭到一般邪曲之人的仇恨。法家这种专长也有其缺点，又常常得不到重用，所以，历史上许多法家人物功劳很大，而结局不好。

注释

1 **群枉**：枉，邪曲，不正派。《论语·为政》："举直错诸枉，则民服；举枉错诸直，则民不服。"（把正直的人提拔起来，放在邪曲的人之上，百姓就心服了；把邪曲的人提拔起来，放在正直的人之上，百姓就不心服了。）群枉，一般邪曲的人。

2 **敝**：败坏。《老子》："大成若缺，其用不敝。"（最圆满的好似有欠缺，可是它的作用不会败坏。）敝，也通"弊"。

原文

术家之业，出于聪思，待于谋得而章。断于未行，人无信者，功成事效而后乃彰也。**其道先微而后著，精而且玄。**计谋微妙，其始至精，终始合符，是以道著。**其未达也，为众人之所不识。**谋在功前，众何由识。**其用也，为明主之所珍。**暗主昧然，岂能贵之。**其功足以运筹通变。**变以求通，故能成其功。**其退也，藏于隐微。**计出微密，是以不露。**其为业也，奇而希[1]用，**主计神奇，用之者希也。**故或沉微而不章。**世希能用，道何由章。

译文

术家的专长由聪明智慧中得来，要等计谋实现以后才显出功效来。术家的那套办法起初看来很微渺，后来才显出它的高明，它既精到而又玄妙。术家未被起用时，大家都不了解他。一旦被起用，英明的君主便视为珍宝。他的作用是能够运筹设计在应变中取得成功。他功成身退之后，便隐藏不露。术家的专长很神奇，被采用的机会少，因此往往沉埋湮没不为世人所知。

注释

1 **希**：此处通"稀"，稀疏，引申为稀少、罕见。

原文

智意[1]之业，本于原度[2]，其道顺而不忤。将顺时宜，何忤之有。**故其未达也，为众人之所容矣。**庶事不逆，善者来亲。**已达也，为宠爱之所嘉。**与众同和，内外美之。**其功足以赞明计**

译文

智意家的专长，以原意为基础，他的做法总是顺乎时宜，而不是逆忤事势。所以，他未被起用时，为众人所称许。被重用以后，为上级所宠爱。他

虑[3]，媚顺于时，言计是信也。**其敝**[4]**也，知进而不退**，不见忌害，是以慕进也。**或离正以自全**。用心多媚，故违于正。**其为业也，谞**[5]**而难持**。韬情谞智，非雅正之伦也。**故或先利而后害**。知进忘退，取悔之道。

的功用是能够赞助国家大事的计议和决策。他的毛病是，只知进而不知退，或者离开正道以保全自己。智意家的专长，依靠诈谋，难以保持长久。因此，有时是先得利而后受害。

注释

1 **智意**：本书《流业第三》中给智意这种人才作了说明："术家之流，不能创制垂则，而能遭变用权，权智有余，公正不足，是谓智意。"还举出陈平、韩安国为例。在《材能第五》中，又说："人事之能，智意之材也。"可见，作者以为智意这种人才是术家的一个变型（或亚流），他的特点是权智突出，通达人事。

2 **原度**：从全书看来，这里应该是"原意"，而不是"原度"。（一）本书《材理第四》讲到情理家，说明这一家的特点是："质性机解，推情原意，能适其变。""推情原意"就是推究人的情意的本原。（二）本书《流业第三》写道："术家之流……而能遭变用权……是谓智意……"可见智意这类人才，在明理这方面，和情理家是相合的。（三）本书《接识第七》讲到"智意之人以原意为度，故能识韬谞之权……"可见"原意"是对的，"原度"可能是传抄之误。

3 **赞明计虑**：赞助国家大事的计议决策。

4 **敝**：此处通"弊"。

5 **谞**(xǔ)：才智。陆机《辨亡论》："谋无遗谞，举不失策。"又，诈谋。《淮南子·本经训》："设诈谞，怀机械巧故之心，而性失矣。"

原文

臧否之业，本乎是非。其道廉而且砭[1]。清而混杂，砭去织芥。**故其**

译文

臧否家的专长，以明辨是非为根本。他的做法是自身廉洁，

未达也，为众人之所识。清洁不污，在幽而明。**已达也，为众人之所称。**业常明白，出则受誉。**其功足以变察是非。**理清道洁，是非不乱。**其敝也，为诋诃[2]之所怨。**诋诃之徒，不乐闻过。**其为业也，峭[3]而不裕。**峭察于物，何能宽裕。**故或先得而后离众。**清亮为时所称，理峭为众所惮。

同时针砭邪恶。所以，他未被起用时，人们了解他。被起用之后，人们称道他。他的功用是分别是非。他的弊病是，被不接受批评者所怨恨。臧否这种专长，对人对事严峻而不宽松。因此，有时是先受称赞后遭孤立。

注释

1 **砭**(biān)：以针刺治病叫做砭。引申为救治。王安石《和平甫舟中望九华山》诗："浪荒不走职，民瘼当谁砭。"

2 **诋诃**：诋(dǐ)，毁谤。诃(hē)，大声呵斥。结合刘昞注"诋诃之徒，不乐闻过"可见，其意指不接受批评的人。

3 **峭**：山势险峻。引申为严厉、严峻。

原文

伎俩之业，本于事能，其道辨[1]而且速。伎计如神，是以速辨。**其未达也，为众人之所异。**伎能出众，故虽微而显。**已达也，为官司之所任。**遂事成功，政之所务。**其功足以理烦纠邪。**释烦理邪，亦须伎俩。**其敝也，民劳而下困。**上不端而下困。**其为业也，细而不泰[2]，故为治之末也。**道不平弘，其能太乎。

译文

伎俩家的专长，在于有办事能力，他讲求治理的办法而又速见成效。他未被重用时，人们以为他不平凡。既被任用之后，受到官府上司的信任。他的功用是能够把繁剧的工作理顺，把歪风邪气纠正。他做得不好，会造成百姓劳苦困穷。伎俩这种专长，琐细而不安泰。因此，在治国的政事中居于次要地位。

注释

1 **辨**(bàn):通“办(辦)”,治理。

2 **泰**:安泰。

接识第七

推己接物，俱识同体。兼能之士，乃达群材。

导读

本篇论知人之难。“难”的原因是“以己观人”，就是人们习惯于拿自己作标准去观察人。大凡偏材之人自己有某种长处，对同类型人的同样的长处就看得清楚，对异类型人的长处就看不清。只有兼材之人可以“兼达众材”，可以识别各种人才。怎样判断一个人是偏材或是兼材呢？作者列举了人们在接谈中的种种表现，作为判定“兼”“偏”的参考。

原文

夫人初甚难知，貌厚情深，难得知也。**而士无众寡皆自以为知人。故以己观人，则以为可知也。**己尚清节，则凡清节者皆己之所知。**观人之察人，则以为不识也。夫何哉？**由己之所尚，在于清节，人之所好，在于利欲，曲直不同于他，便谓人不识物也。**是故能识同体之善，**性长思谋，则善策略之士。**而或失异量之美。**遵法者虽美，乃思谋之所不取。**何以论其然？夫清节之人以正直为度，故其历众材也能识性行之常，**度在正直，故悦有

译文

人本来是难了解的，然而一般人士都以为有知人之明，他们以自己为标准去观察人，就以为人是容易了解的，以自己的标准去看别人观察人，就以为别人不能识人。这是为什么呢？因为能够认识与自己同类型人的优点，有可能看不到异类型人的优点。如何来证明这一点呢？譬如清节之人是拿正直作标准的，他去衡量各种人才时，能够认识常规的人情和行为，而对于应

恒之人。**而或疑法术之诡。**谓守正足以致治，何以法术为也。**法制之人以分数[1]为度，故能识较方直之量，**度在法分，故悦方直之人。**而不贵变化之术。**谓法分足以济业，何以术谋为也。**术谋之人以思谟[2]为度，故能成策略之奇，**度在思谋，故贵策略之人。**而不识遵法之良。**谓思谟足以化民，何以法制为也。**器能[3]之人以辨护为度，故能识方略之规，**度在辨护，故悦方计之人。**而不知制度之原。**谓方计足以立功，何以制度为也。**智意之人以原意为度，故能识韬谞之权，**度在原意，故悦韬谞之人。**而不贵法教之常。**谓原意足以为正，何以法理为也。**伎俩之人以邀功[4]为度，故能识进趣[5]之功，**度在邀功，故悦功能之人。**而不通道德之化。**谓伎能足以成事，何以道德为也。**臧否之人以伺察[6]为度，故能识诃砭[7]之明，**度在伺察，故悦谴诃之人。**而不畅倜傥[8]之异。**谓谴诃乃成教，何以宽弘为也。**言语之人[9]以辨析[10]为度，故能识捷给[11]之惠，**度在剖析，故悦敏给之人。**而不知含章[12]之美。**谓辨论事乃理，何以含章为也。

变的法术，就不能理解。法制之人是以法制为标准的，所以能够识别比较人物方直的程度，却不重视应变的才能。术谋之人以思谋为标准，所以能够认识策略的可贵，却不知遵法守制的重要。器能之人以辨护为标准，所以能够认识方略规划的必要，却不知制度为治国的本原。智意之人以原意为标准，所以能认识谋略应变的利益，却不重视法制教化长远的作用。伎俩之人以邀功为标准，所以能够认识进取的功利，却不知道德化民的意义。臧否之人以伺察为标准，所以能够认识明辨是非的才能，却不知洒脱不拘之人的优异。言语之人以辨析为标准，所以能够认识言词敏捷的长处，却不知人的内在之美。

注释

1 **分数**：本文指的是组织编制或法制。《孙子兵法·势篇》："凡治众如治寡，分数是也。"（治理人数多的军队和治理人数少的军队是一样的，那是个组织编制问题。)

2 **思谟**:谟(mó),计谋、谋略。思谟即思谋。

3 **器能**:见本书《流业第三》:“兼有三材,三材皆微,其德足以率一国,其法足以正乡邑,其术足以权事宜,是谓器能,子产、西门豹是也。”

4 **邀功**:希求功名。

5 **进趣**:即进取。

6 **伺察**:探察。

7 **诃砭**:谴责邪曲之人或事。

8 **倜傥**(tì tǎng):豪爽,洒脱不拘。司马迁《报任少卿书》:“古者富贵而名磨灭,不可胜记,唯倜傥非常之人称焉。”

9 **言语之人**:能言善辩之人。

10 **辨析**:分辨剖析事理。

11 **捷给**:言辞敏捷,善于应对。

12 **含章**:包孕着美质。《周易·坤卦》:“含章可贞。”(有着美好的品质,可以得到好结果。)

原文

是以互相非驳,莫肯相是。人皆自以为是,谁肯道人之是。**取同体也,则接论而相得。**性能苟同,则虽胡越,接响而情通。**取异体也,虽历久而不知。**性能苟异,则虽比肩,历年而逾疏矣。**凡此之类,皆谓一流之材[1]也。**故同体则亲,异体则疏。**若二至已上,亦随其所兼,以及异数。**法家兼术,故能以术辅法。**故一流之人,能识一流之善。**以法治者,所以举不过法。**二流之人,能识二流之美。**体法术者,法

译文

因此,人们互以为非,不肯互以为是。当选用同类的人才时,一接谈就很投机。当选用异类的人才时,虽然经过了很长时间也不能了解。这种人都是所谓“一流之材”。若是二流和二流以上的人才,也就随着他相兼或相异的情况,决定他识人的结果了。所以,一流之人,能识一流人才的优点。二流之人,能识二流人才的优点。各流的材质

术兼行。**尽有诸流，则亦能兼达众材。**体通八流，则八材当位，物无不理。**故兼材之人与国体同。**谓八材之人始进陈言，冢宰之官，察其所以。

都具备，也就能通晓各类的人才。因此，兼材之人和以前讲的国体之材相同。

注释

1 **一流之材：**作者在本篇上文中，列举了八个类型的人才，也就是八流，一流之材即具有一个方面材质的人才。以此推知，"二流"及"二至已上"的含义。

原文

欲观其一隅，则终朝足以识之。将究其详，则三日而后足。何谓三日而后足？夫国体之人兼有三材，故谈不三日不足以尽之。一以论道德，二以论法制，三以论策术，然后乃能竭其所长，而举之不疑。在上者兼明八材，然后乃能尽其所进，用而无疑矣。

然则何以知其兼偏，而与之言乎？察言之时何以识其偏材，何以识其兼材也。**其为人也，务以流数杼[1]人之所长而为之名目[2]，如是兼也。**每因事类，杼尽人之所能，为之名目，言不容口。**如陈以[3]美欲人称之，**已之有善，因

译文

对于国体之人，想要观察他的一个方面，一个早晨就了解了。若是想了解得详细一些，要三天才能办到。为什么说三天才能办到呢？因为国体之人兼有三材，所以不谈三天不能彻底了解。第一天论道德，第二天论法制，第三天论策术，然后才能完全了解他的长处，推举他的时候，就毫无疑虑了。

那么，和对方交谈中，怎样判断出他是兼材或是偏材呢？如果这个人总是拿各流人才的长处极力称道，他就是兼材。如果他尽讲自己的优点，希望别人来称道他，又不想知道别人的长处，他就是偏材。一个不想了解别人的人，对别

事自说，又欲令人言常称己。**不欲知人之所有，如是者偏也。**人之有善，耳不乐闻，人称之，口不和也。**不欲知人，则言无不疑。**闻法则疑其刻削，闻术则疑其诡诈。**是故以深说浅，益深益异。**浅者意近，故闻深理而心逾炫，是以商君说帝王之道不入，则以强兵之义示之。**异则相返[4]，反则相非。**闻深则心炫，焉得而相是，是以李兑塞耳而不听苏秦之说。**是故多陈处直，则以为见美。**以其多方疑似见美也。**静听不言，则以为虚空。**待时来语，疑其无实。**抗为高谈，则为不逊。**辞护理高，疑其凌己。**逊让不尽，则以为浅陋。**卑言寡气，疑其浅薄。**言称一善，则以为不博。**未敢多陈，疑其陋狭。**历发众奇，则以为多端。**偏举事类，则欲以释之，复以为多端。**先意而言，则以为分美。**言合其意，疑分己美。**因失难之，则以为不喻。**欲补其失，反不喻也。**说以对反，则以为较己。**欲反其事而明言，乃疑其较也。**博以异杂，则以为无要。**控尽所怀，谓之无要。**论以同体，然后乃悦。**弟兄忿肆，为陈管蔡之事，则欣畅而和悦。**于是乎有亲爱之情，称举之誉，**苟言之同，非徒亲爱而已，乃至誉而举之。**此偏材之常失。**意常婟护，欲人同己，己不必得，何由暂得。

人讲的话必然一概怀疑。他想得浅近，你说得深远，于是越说得深越不一致，越不一致彼此越对立，越对立就越相互责难。因此，你直率多言，他以为你想表现自己优越。你静听不语，则以为你肚里空虚，没有学问。如果你同他同样地高谈阔论，则以为你不尊重他。如果你一再逊让，则以为你浅陋。如果你称道了某一好人好事，则以为你知识狭窄。如果你列举了很多，则以为你头绪多缺少要领。他想讲的话还没有讲，你先讲了，则以为你企图分享他的荣誉。他讲错了话，你起来争辩，他反以为你不懂。你从反面来说明他的论点，他以为你在和他较量高下，你旁征博引地去说明他的论点，他则以为你抓不住要点。只有你讲的是和他一个论调，这才让他欢喜。于是对你有了亲爱之情，从而赞赏你，推举你。这就是偏材常有的错误。

注释

1 杼:通“抒”。

2 名目:称道。《三国志·魏书·王粲传》:“同声相应,才士并出,惟粲等六人,最见名目。”

3 以:此处当为“己”。“己”与“巳”形似,“巳”又同“以”。可能因此辗转造成字误。刘昞注也作“己”字解。

4 返:通“反”。

英雄第八

自非平淡，能各有名。英为文昌，雄为武称。

导读

本篇分析了英雄这种特出的人才。作者先从概念上(即“名”上)分析了“英”和“雄”的内涵。“英”的特质为聪明,“雄”的特质为胆力。作为人才,有的可称为“英”,有的可称为“雄”。但是,在他们的身上,“英”和“雄”两种成分都是不可缺少的,只是分量有多有少罢了,而且在实践中,只有两种成分都具备,事业才可以成功。作者特别强调,领袖人物必须兼“英”“雄”于一身,“英”的成分更为重要,是少不得的。

原文

夫草之精秀者为英,兽之特群者为雄。物尚有之,况于人乎。故人之文武茂异,取名于此。文以英为名,武以雄为号。是故聪明秀出谓之英,胆力过人谓之雄,此其大体之别名也。若校[1]其分数[2],则互相须[3],英得雄分,然后成章。雄得英分,然后成刚。各以二分,取彼一分,然后乃成。胆者雄之分,智者英之分。英有聪明,须胆而后成,雄有胆力,须知而后立。

译文

草类中的精秀者称为“英”,兽类中的超群者称为“雄”。优异的文武人才叫做英雄,就是从这儿取名的。所以,在人群中聪明秀出的叫做“英”,胆力过人的叫做“雄”。这不过是大体上分开来叫的名字。如果一一考较它们的成分,两者是彼此离不开的,它们各自作为两等分,再取另一方的一等分,然后结合而成为“英”,或成为“雄”。

注释

1 校：此处读 jiào，计算、计数。《荀子·王霸》："故忧患不可胜校也。"

2 分数：与上篇"法制之人以分数为度"中的含义不同，这里指的事物分解开来的成分。

3 须：通"需"。

原文

何以论其然？夫聪明者英之分也，不得雄之胆，则说不行。智而无胆，不能正言。胆力者雄之分也，不得英之智，则事不立。勇而无谋，不能立事。是故英以其聪谋始[1]，以其明见机[2]，智以谋事之始，明以见事之机。待雄之胆行之。不决则不能行。雄以其力服众，以其勇排难，非力众不服，非勇难不排。待英之智成之。智以制宜，巧乃可成。然后乃能各济其所长也。譬金待水而成利功，物得水然后成养功。若聪能谋始，而明不见机，乃可以坐论，而不可以处事。智能坐论，而明不见机，何事务之能处。聪能谋始，明能见机，而勇不能行，可以循常[3]，而不可以虑变[4]。明能循常，勇不能行，何应变之能为。若力能过人，而勇不

译文

怎样说明这一点呢？因为聪明是"英"的成分，如果缺乏"雄"的胆量，那么他的主张是不能实现的。胆力是"雄"的成分，如果缺乏"英"的智慧，他的事业是不能建立起来的。所以，"英"凭他的聪明策划事业的开创，看出成败的关键，依靠"雄"的胆力去实行。"雄"凭他的胆力使群众服从，凭他的勇敢去排除阻难，依靠"英"的智慧完成事业。他们这样各以所长互相辅助。如果有这么一个人，他的聪明能够谋始，却不能见机，那样，他就只能坐着空口说说罢了，不能办成什么事业。如果一个人的聪明，既能谋始，也能见机，但是缺乏实行的勇气，这个人就只能按常规办事，却不能应付变化的形势。如果一个人气力过人，但是缺乏实行的勇气，他可以称为大力士，却不能充当开路先锋。如果一个人气力过人，也

能行，可以为力人，未可以为先登[5]。力虽绝类，胆雄不决，何先锋之能为。力能过人，勇能行之，而智不能断事，可以为先登，未足以为将帅。力能先登，临事无谋，何将帅之能为。必聪能谋始，明能见机，胆能决之，然后可以为英，张良是也。气力过人，勇能行之，智足断事，乃可以为雄，韩信是也。体分不同，以多为目[6]。故英雄异名。张良英智多，韩信雄胆胜。然皆偏至之材，人臣之任也。故英可以为相，制胜于近。雄可以为将。扬威于远。若一人之身兼有英雄，则能长世[7]，高祖[8]、项羽[9]是也。

有实行的勇气，但是他的智力不能决断大计，他可以充当开路先锋，却不能够担任将帅。必须聪能谋始，明能见机，胆力可以决断大计，这样才算得上是个"英"，张良就是这样的人。气力过人，有实行的勇气，有决断大计的智慧，这样才算得上"雄"，韩信就是这样的人。"英"和"雄"的成分在各人身上情况不一样，以分量多的定名，所以有的称"英"，有的称"雄"。不过，以上说的都是偏至之材，都是担任人臣的。"英"可以当宰相，"雄"可以当大将。如果一个人身上兼有"英""雄"两种人的特质，那就可以主宰天下，汉高祖和项羽就是这样的人。

注释

1 **谋始：**谋划事业如何开创。

2 **见机：**看出事情的关键或要害。

3 **循常：**按常规行事。

4 **虑变：**应付形势的变化。

5 **先登：**即先锋。

6 **以多为目：**以多的部分定为名目。

7 **长世：**主宰天下。

8 **高祖：**即汉高祖刘邦（公元前256年—公元前195年），西汉开国皇帝。

9 **项羽：**即项籍（公元前232年—公元前202年），秦末农民起义领袖。秦亡后，自立为西楚霸王，与刘邦争天下，兵败自杀。

原文

然英之分以[1]多于雄，而英不可以少也。英以致智，智能役雄，何可少也。英分少，则智者去之。故项羽气力盖世，明能合变[2]，胆烈无前，济江焚粮。而不能听采奇异，有一范增[3]不用，是以陈平之徒皆亡归。高祖英分多，故群雄服之，英才归之，两得其用。雄既服矣，英又归之。故能吞秦破楚，宅[4]有天下。然则英雄多少，能自胜之数[5]也。胜在于身，则能胜物。徒英而不雄，则雄材不服也。内无主于中，外物何由入。徒雄而不英，则智者不归往也。无名以接之，智者何由往。故雄能得雄，不能得英。兕虎自成群也。英能得英，不能得雄。鸾凤自相亲也。故一人之身，兼有英雄，乃能役英与雄。能役英与雄，故能成大业也。武以服之，文以绥之，则业隆当年，福流后世。

译文

不过，“英”的成分宜多于“雄”的成分，而且“英”的成分是绝对不可缺少的。“英”的成分少了，智者就会走掉。项羽气力盖世无双，他的聪明也能够应变，但是不能倾听和采纳不同意见，连一个范增都不能用，所以陈平一类的人都逃跑了，归顺了汉高祖。汉高祖“英”的成分居多，所以群雄信服他，英才投奔他，取得“英”和“雄”两种人的力量，因而能够吞秦破楚，占有天下。这样看来，“英”和“雄”成分的多少，是能否胜利的主观因素啊！仅仅“英”而不“雄”，雄才不能信服。仅仅“雄”而不“英”，智者不愿意归顺。所以，“雄”能得“雄”，不能得“英”。“英”能得“英”，不能得“雄”。在同一个人身上，必须兼有“英”与“雄”两种成分，才能役使英才和雄才。能役使英才和雄才，所以能建成大业。

注释

1 **以:**作“却”解，表示转折关系。不过用在这里还是很勉强。观文意，“以”换成“宜”较为通顺。

2 **合变:**即应变。

3 **范增:**(公元前277—公元前204年),项羽主要谋士。居鄛(今安徽桐城南)人。善计谋。秦末农民起义,他劝项梁立楚王族后裔为怀王,以为号召,为项梁采纳,楚势遂大盛。后归项羽,被尊为“亚父”。刘邦用陈平计,离间项羽,使他怀疑范增,削其权力。范增愤而离去,病死途中。两年后,项羽败亡。

4 **宅:**住所、居住,引申为占据。一作顺适、安定解。

5 **数:**此处指自然之理。《荀子·富国》:“万物同宇而异体,无宜(义)而有用为人,数也。”

八观第九

群材异品，志各异归。观其通否，所格者八。

导读

作者在这里提出了鉴定人才的方法，就是从八个方面去观察人，名之为“八观”，并且说明了理由。

一、人的性情是复杂的，内在的各种因素常常互相损益。因此，要观察他“夺”（恶情夺正）和“救”（善情救恶）的行为表现，以了解他性情中各种因素间杂的情况。

二、凡人“厚貌深情”，难以了解。必须观察他的言语、神情等外部表现，以判别他内心的实情。

三、人有“九质”。当两种以上的材质充分发展（即“至质”）就互相激发，于是这个人便有了某种名声。因此，观察一个人“至质”的多少，他的性格和才能就得以了解。

四、人们的行为表现，相互之间有似是而非的，也有似非而是的。因此，观察一个人，就要看他的行为的来龙去脉，透过现象，抓住实质。

五、爱和敬是人与人之间最重要的道德准则。因此，观察一个人对人爱敬的实际情况，可以知道他的人际关系的亲疏。

六、人情有“六机”，也就是六个关键。触发了他的情机，就有喜怒哀乐等情感的反应。因此，观察一个人情感变化的关键所在，可以知道他是推己及人的人，或是暗于人情事理的人。

七、人的短处和长处往往是相连的。因此，观察一个人的短处，可以知道他的与此相连的长处。

八、人的智力和道德相比，智力更为重要。“智者，德之帅也。”因此，观察一个人的聪明程度，可以知道他是个什么层次的人才。

原文

八观者：一曰，观其夺救[1]，以明间杂[2]；或慈欲济恤而吝夺某人，或救济广厚而乞醯为惠。**二曰，观其感变[3]，以审常度[4]；**观其愠怍，则常度可审。**三曰，观其志质，以知其名；[5]**征质相应，睹色知名。**四曰，观其所由[6]，以辨依似；**依讦似直，仓卒难明。察其所安，昭然可辨。**五曰，观其爱敬，以知通塞[7]；**纯爱则物亲而情通，纯敬则理疏而情塞。**六曰，观其情机[8]，以辨恕惑[9]；**得其所欲则恕，违其所欲则惑。**七曰，观其所短，以知所长；**讦刺虽短，而长于为直。**八曰，观其聪明，以知所达。**虽体众材，而材不聪明。事事蔽塞，其何能达。

译文

所谓“八观”，就是：第一，观察一个人“夺”（“恶情夺正”）和“救”（“善情救恶”）两个方面的表现，可以了解他性情的本质；第二，观察一个人在变动状态下的反应，可以了解他在稳定状态下的性格；第三，观察一个人得到充分发展的材质多少，可以知道他各种名声的由来；第四，观察一个人为达到一定的目的所采取的方式、方法，可以分辨似是而非的表现；第五，观察一个人爱和敬的实际情况，可以知道他与上下关系的亲疏；第六，观察一个人情感变化的关键所在，可以知道他是能推己及人，或是暗于人情事理；第七，观察一个人的短处，可以知道他有与此相连的长处；第八，观察一个人的聪明程度，可以知道他是个什么层次的人才。

注释

1 **夺救：**夺，夺取、排挤，用强力使之丧失。《论语·子罕》：“三军可夺帅也，匹夫不可夺志也。”救，挽救、阻止。《论语·八佾》：“季氏旅于泰山。子谓冉有曰：‘女弗能救与？’”（季氏要去祭泰山。孔子对冉有说：“你不能阻止吗？”）

2 **间杂：**混合夹杂。见本书《九征第一》：“一至一违，谓之间杂。”

3 **感变**:在变动状态下的反应。

4 **常度**:平时的态度。《后汉书·吴汉传》:"诸将见战陈(阵)不利,或多惶惧,失其常度,汉意气自若。"

5 **观其志质,以知其名**:志质,本篇后文作"至质"。还说:"是故观其所至之多少,而异名之所生可知也。"应以"至质"为是。至,极、最。《庄子·徐无鬼》:"故海不辞东流,大之至也。"如:至人,至材,至德。至质,就是得到充分发展的或最好的品质。以知其名,就是可以知道他们有不同名声的由来。

6 **观其所由**:观察他为达到一定目的所采用的方式、方法。原话出于《论语·为政》:"子曰:视其所以,观其所由,察其所安,人焉廋哉!人焉廋哉!"

7 **通塞**:通畅与隔阂。

8 **情机**:情感变化的关键。

9 **恕惑**:恕,孔子的解释是:"己所不欲,勿施于人。"(《论语·卫灵公》)就是能够推己及人。惑,则与"恕"相反,是迷惑,暗于人情事理。

原文

何谓"观其夺救,以明间杂"?夫质有至有违[1],刚质无欲,所以为至。贪情或胜,所以为违。若至胜违[2],则恶情夺正,若然而不然。以欲胜刚,以此似刚而不刚。故仁出于慈,有慈而不仁者。仁必有恤[3],有仁而不恤者。厉[4]必有刚,有厉而不刚者。若夫见可怜则流涕,慈心发于中。将分与则吝啬,是慈而不仁者。为仁者必济恤。睹危急则

译文

什么叫做"观其夺救,以明间杂"呢?人的好的本质有实现的倾向,也有背离的倾向。如果实现的倾向不能克服背离的倾向,结果恶心使人丧失善心,似善而不善。仁爱本来出于慈善之心,可是有人却慈而不仁。仁爱之人必然会产生怜悯之心,可是却有仁而不能怜悯的。严厉的人必定刚强,可是却有严厉而不刚强的。至于看见可怜的人就流眼泪,到了要周济人家的时候

恻隐[5]，仁情动于内。将赴救则畏患，是仁而不恤者。为恤者必赴危。处虚义则色厉，精厉见于貌。顾利欲则内荏[6]，是厉而不刚者。为刚者必无欲。然则慈而不仁者，则欲夺之也。爱财伤于慈。仁而不恤者，则惧夺之也。恇怯损于仁。厉而不刚者，则欲夺之也。利欲害于刚。故曰：慈不能胜吝，无必其能仁也。爱则不施，何于仁之为能。仁不能胜惧，无必其能恤也。畏懦不果，何恤之能行。厉不能胜欲，无必其能刚也。情存利欲，何刚之能成。是故不仁之质胜，则伎力[7]为害器。仁质既弱而有伎力，此害己之器也。贪悖之性胜，则强猛为祸梯[8]。廉质既负而性强猛，此祸己之梯也。亦有善情救恶，不至为害；恶物宜翦而除，纯善之人怜而救之，此稠厚之人，非大害也。爱惠分笃，虽傲狎[9]不离；平生结交情厚分深，虽原壤夷俟而不相弃，无大过也。助善著明，虽疾恶无害也；如杀无道以就有道，疾恶虽甚，无大非也。救济过厚，虽取人不贪也。取人之物以有救济，虽讥在乞醯，非大贪也。是故观其夺救，而明间杂

却又舍不得，这就是那种慈而不仁的人。看见别人危急心中就伤痛，到了要前去援救的时候又怕惹祸遭灾，这就是那种仁而不恤的人。讲空道理的时候正颜厉色，一想到个人的利欲，内心又怯懦起来，这就是那种厉而不刚的人。这样看来，慈而不仁，是吝啬之心夺取了慈的结果。仁而不恤，是畏惧之心夺取了仁的结果。厉而不刚，是私欲夺取了刚的结果。所以说：慈善如果不能战胜吝啬，未必能够仁爱。仁爱如果不能战胜畏惧，未必能够怜悯。严厉如果不能战胜私欲，未必能够刚强。因此，不仁的品质如果占了上风，那么这个人的技能勇力就会成为害他自己的武器。贪婪狂悖的品质如果占了上风，那么这个人刚强勇敢的性格就会成为他惹祸遭灾的阶梯。也有另一种情况，就是有的人善心阻止了恶念，没有造成祸害的；有的因朋友情谊深厚，虽然发生傲慢狎侮情况，并未弄到分裂的；有扶助好人好事成功，虽然嫉恶太甚，也没有招致祸害的；有救济贫困很慷慨，虽然取了他人的财物，也不算贪婪的。因此，通过观察一个人

之情，可得知也。或畏吝夺慈仁，或救过济其分，而平淡之主顺而恕。

的夺救行为，以了解他的品质中的间杂情况，是有道理的。

注释

1 **有至有违**：至，达到、实现。违，违背、离开。有至有违，有实现了的，也有违背了的。

2 **若至胜违**：按照文意，"至"后面疑脱一"不"字，当是"若至不胜违"。

3 **恤**(xù)：体恤、怜悯。

4 **厉**：严厉、严肃。

5 **恻隐**：恻(cè)，心中伤痛。恻隐，对别人的不幸表示伤痛。《孟子·公孙丑上》："今人乍见孺子将入于井，皆有怵惕恻隐之心。"（现在有人忽然看见小孩子快要掉到井里去，都会产生害怕和伤痛的心情。）朱熹集注："恻，伤之切也。隐，痛之深也。"

6 **内荏**：荏(rěn)，怯懦。《论语·阳货》："色厉而内荏。"（表面上很刚强，而内心却很怯懦。）

7 **伎力**：伎，同"技"。技艺和气力。

8 **祸梯**：与"祸阶"同，祸的来由。《史记·赵世家》："毋为怨府，毋为祸梯。"

9 **傲狎**：对人表示高傲和轻侮。

原文

何谓"观其感变，以审常度"？夫人厚貌深情，将欲求之，必观其辞旨[1]察其应赞[2]。视发言之旨趣，观应和之当否。**夫观其辞旨，犹听音之善丑**。音唱而善丑别。**察其应赞，犹视智之能否也**。声和而能否别。**故观辞察应，**

译文

什么叫做"观其感变，以审常度"呢？因为人的外貌和内在的深情有很大的距离，要知他的内情，必须观察他言谈的旨趣，以及对事物的反应。观察言谈的旨趣，好比鉴别音乐的美丑。观察他对事物的反应，等于鉴别他才智的高下。因此，观察辞旨和反应，就能够识别各种人才。因而，说理清楚准确的，

足以互相别识。彼唱此和，是非相举。**然则论显扬正**[3]**，白也**。辞显唱正，是曰明白。**不善言应**[4]**，玄**[5]**也**。默而识之，是曰玄也。**经纬**[6]**玄白，通也**。明辨是非，可谓通理。**移易无正**[7]**，杂也**。理不一据，言意浑杂。**先识未然，圣也。追思玄事，睿**[8]**也。见事过人，明也。以明为晦，智也**。心虽明之，常若不足。**微忽**[9]**必识，妙也**。理虽至微，而能察之。**美妙不昧，疏也**。心致昭然，是曰疏朗。**测之益深，实也**。心有实智，探之愈精，犹泉滋中出，测之益深也。**假合炫耀**[10]**，虚也**。道听途说，久而无实。犹池水无源，泄而虚竭。**自见其美，不足也**。智不赡足，恐人不知以自伐。**不伐其能，有余也**。不畏不知。

就说明这人明白。讲不那么清楚，而可以意会的，说明这人深奥。浅显的、深奥的都能表达，说明这人通达。忽然说东，忽然说西，没有定准，说明这人思想混杂。能预见未然之事，说明这人智慧很高。看问题超过别人，说明这人高明。善于隐藏自己的聪明，说明这人大智。细微之理也不忽略，说明这人精明。美妙之处毫不含糊，说明这人疏朗。越测试越觉得他深奥，说明这人有真才实学。凭道听途说的知识炫耀自己，说明这人空虚。喜欢显示自己的长处，说明这人学识不多。不夸耀自己的才能，说明这人才智有余。

注释

1 **辞旨**：言谈的主旨或旨趣。

2 **应赞**：应和、反应。

3 **论显扬正**：表达得清楚准确。

4 **不善言应**：想说的话不善于用语言表达出来。

5 **玄**：依刘昞注："默而识之，是曰玄也。"就是可以意会而不可以言传的叫做玄。

6 **经纬**：织物的直线叫"经"，横线叫"纬"。引申为治理。《左传·昭公二十九年》："夫晋国将守唐叔之所受法度，以经纬其民。"

7 **移易无正:**变来换去,没有定准。

8 **睿**(ruì)**:**看得深远。

9 **微忽:**古代极小的长度单位名,一微等于一寸的百万分之一,一忽等于一寸的十万分之一。

10 **假合炫耀:**假合,依刘昞注,似为凭道听途说得来的知识。耀,向人夸示。

原文

故曰:凡事不度,必有其故。色貌失实,必有忧喜之故。忧患之色,乏而且荒。忧患在心,故形色荒。疾疢[1]之色,乱而垢杂。黄黑色杂,理多尘垢。喜色愉然以怿[2],愠[3]色厉然以扬。妒惑[4]之色,冒昧无常。粗白粗赤,愤愤在面。及其动作,盖并言辞。色既发扬,言亦从之。是故其言甚怿,而精色不从者,中有违也。心恨而言强和,色貌终不相从。其言有违,而精色可信者,辞不敏也。言不自尽,故辞虽违而色貌可信。言未发而怒色先见者,意愤溢也。愤怒填胸者,未言而色貌已作。言将发而怒气送之者,强所不然也。欲强行不然之事,故怒气助言。凡此之类,征见于外,不可奄违。心欢而怒容,意恨而和貌。虽欲违之,精色不从。心动貌从。感愕以明,虽变可知。情虽在内,感愕发外,千形万貌,

译文

所以说:凡事不正常,必有它的缘故。凡人有忧患在心,形色就显得疲惫而恍惚。有疾病在身,形色就显得烦乱而不整洁。心中欢喜,就显得愉悦畅快;心怀愠怒,就显得严厉而气盛。心怀忌妒惑疑,表现为莽撞失常。人的动作以及言辞都反映内在的心意。因此,一个人讲的话表示很高兴,可是看他神色却不是这样,说明心里想的跟讲的相反。一个人讲的话不合他的本意,但是从神色上可以看出他的本意,那是这人不善于言辞的缘故。话还没有讲出来,先显得怒容满面,那是愤怒填胸控制不住的表现。讲话之前先发一顿脾气,那是勉强要发违心之论的缘故。所有这种种内心活动,都有征象表现在形色上,是不可能马上掩盖住的。即使想掩盖,神色也不听指挥。看

粗可知矣。**是故观其感变而常度之情可知。**观人辞色而知其心，物有常度，然后审矣。

清了外形的反应，内心有变化，也可以察觉得到。所以说："观其感变而常度之情可知。"

注释

1 **疢疾：**疢（chèn），热病，代称一般的病。疾疢或称疢疾。《孟子·尽心上》："人之有德慧术知者，恒存乎疢疾。"（人有德才智慧，大概都是从忧患中得来的。）孙奭疏："疢疾，人之有小疾，常沾在身不去者。"因此，疢疾常借代为忧患。

2 **怿**（yì）**：**喜悦。

3 **愠**（yùn）**：**怒气藏于心叫愠，表现于外叫怒。

4 **妒惑：**忌妒与疑惑。

原文

何谓"观其至质，以知其名"？凡偏材之性，二至以上[1]，则至质相发，而令名生矣。二至，质气之谓也。质直气清，则善名生矣。**是故骨直气清，则休名生焉。**骨气相应，名是以美。**气清力劲，则烈名生焉。**气既清矣，力劲则烈。**劲智精理，则能名生焉。**智既劲矣，精理则能称。**智直强悫[2]，则任名生焉。**真而又美，是以见任。**集于端质[3]，则令德济焉。**质征端和，善德乃成。**加之学，则文理灼焉。**圭玉有质，莹则成文。**是故观其所至之多少，而异名之所生可知也。**寻其质气，览其清浊，虽有多少之异，异状之名，断可知之。

译文

何谓"观其至质，以知其名"？一切偏材的特点是这样的：二至以上的人才，好的品质相互促进，结果便有了好的名声。因此，骨质直而气质清的，美名就产生了。气质清而强劲多力，刚烈之名就产生了。智力强劲而精通事理，能干之名就产生了。明智而又强悫，可当大任之名就产生了。以上美质集聚在端正的本质上，合成为美德。再加上读书学习，更加文采照人。因此，观察一个人善质发展的多少，各种名声的来由也就清楚了。

注释

1 **二至以上：**“至”是充分发展或达到最好程度的意思。作者在本书以前各篇中，讲到人有多种多样的资质。质得到充分发展的便是“至”，背离了质的便是“违”。“二至以上”，就是两种以上的质得到充分的发展。刘昞注释：“二至，质气之谓也。质直气清，则善名生矣。”是讲不通的。如果“二至”是质和气，那么“以上”又是什么呢？再者，质和气也不能并称为二。“质气之谓也”及接着的“质直气清”，两个“质”字当是“骨”字之误，看本书的下文便知。

2 **强悫：**悫(què)，诚实、谨慎。强悫，坚强而诚实。

3 **端质：**端正的本质。

原文

何谓“观其所由，以辨依似”？夫纯讦[1]性违，不能公正。质气具讦，何正之有。依讦似直，以讦讦善。以直之讦，计及良善。纯宕[2]似流，不能通道。质气俱宕，何道能通。依宕似通，行傲过节。似通之宕，容傲无节。故曰：直者亦讦，讦者亦讦，其讦则同，其所以为讦则异。直人之讦，讦恶惮非，纯讦为讦，讦善刺是。通者亦宕，宕者亦宕，其宕则同，其所以为宕则异。通人之宕，简而达道。纯宕，傲僻以自恣。然则何以别之？直而能温者，德也。温和为直，所以为德。直而好讦者，偏也。性直过讦，所以为偏。讦而不直者，依也。纯讦

译文

什么叫做“观其所由，以辨依似”呢？一味地攻讦人之短，是违背善良天性的，这种人一定不能公正待人。好攻讦人之短又像性格直率的人，不免要攻击善良之人。一味地放荡，是不能通达正道的。放荡又像是通达的人，他的行为一定傲慢不遵礼法的节制。所以说：直率的人讦人之短，好讦者也讦人之短，在“讦”这一点上两者相同，而讦的目的却不一样。通达的人是不受拘束的，放荡的人也是不受拘束的，在“不受拘束”这一点上两者相同，而不受拘束的目的却不一样。那么，怎样加以区别呢？直率而对人温和，那是一种美德。直率而好攻讦

似直，所以为依。**道而能节者，通也。**以道自节，所以为通。**通而时过者，偏也。**性通时过，所以为偏。**宕而不节者，依也。**纯宕自通，所以为依。**偏之与依，志同质违。所谓似是而非也。**质同通直，或偏或依。

的那是偏激。好攻讦而不直率的，是依似。守正道而有所节制，是通达。通达之人有时做过了头，是偏激。放荡而无节制，是依似。偏激和依似，意向相同而实质不同，这就是所谓似是而非的现象。

注释

1 **讦**(jié)：攻击或揭发别人之短处或隐私。《论语·阳货》："恶讦以为直者。"（憎恨那种揭发别人隐私却自以为直率的人。）

2 **宕**(dàng)：通"荡"，放荡，不受拘束。《论语·阳货》："好知不好学，其蔽也荡。"（爱耍小聪明，不爱学习，那弊病就是放荡而没有根底。）

原文

是故轻诺，似烈而寡信。不量己力，轻许死人，临难畏怯，不能殉命。**多易[1]，似能而无效。**不顾材能，日谓能办，受事猖獗，作无效验。**进锐[2]，似精而去速。**精躁之人，不能久任。**诃[3]者，似察而事烦。**谴诃之人，每多烦乱。**讦施[4]，似惠而无成。**当时似给，终无所成。**面从[5]，似忠而退违。**阿顺目前，却则自是。**此似是而非者也。**紫色乱朱，圣人恶之。**亦有似非而是者。**事同于非，其功实则是。**大权[6]，似奸而有功。**伊去太甲，以成其功。**大智，似愚而**

译文

因此，随便向人许诺，似乎是豪爽，其实是不讲信用。把什么事都视为轻而易举，似乎很有本事，其实是说空话。急于进取的人，似乎很精悍，其实退缩得也很快。好谴责别人的人，似乎很精明，实际上做事情烦乱。好给人许诺的，似乎想对人做好事，结果不能兑现。当面唯唯诺诺的人，好像是忠顺，背过身来就是推翻前言。这些都是似是而非的人。也有似非而是的。非常通权达变的人，好像是奸诈，却能建功立业。大智的人，

内明。终日不违，内实分别。**博爱，似虚而实厚**。泛爱无私，似虚而实。**正言，似讦而情忠**。譬帝桀纣，至诚忠爱。**夫察似明非，御情之反**[7]。欲察似类审，则是非御，取人情反覆明之。**有似理讼，其实难别也**。故圣人参讯广访，与众共之。**非天下之至精，其孰能得其实**。若其实可得，何忧乎驩兜，何迁乎有苗。是以昧旦晨兴，扬明仄陋，语之三槐，询之九棘。**故听言信貌，或失其真**。言讷貌恶，仲尼失之子羽。**诡情御反**[8]**，或失其贤**。疑非人情，公孙失之卜式。**贤否之察，实在所依**。虽其难知，即当寻其所依而察之。**是故观其所依，而似类之质可知也**。虽其不尽得其实，然察其所依似，身其体气，粗可幾矣。

好像很愚蠢，其实心里精明。博爱的人，好像很虚浮，其实很厚重。正直敢言的人，好像爱攻人之短，其实是一片忠诚。观察相似的现象而分清是非，掌握人情的复杂性，追踪与现象相反的真相，这有点像审理诉讼案件，要查明真实情况是很难的。除非天下最精明的人，否则谁能得到确切情况呢！因此，只信对方的话和外貌，有可能失去真相。而用不同常情的态度去看待反常的行为，也有可能遗失贤才。然而观察一个人贤与不贤，主要还得看他接近于什么品质。所以，观察一个人接近什么，他类似什么样的品质就弄清楚了。

注释

1 **多易**：把什么事都看得很容易。

2 **进锐**：急于进取。《孟子·尽心上》："其进锐者，其退速。"

3 **诃**(hē)：《说文解字》："大言而怒也。"大声谴责别人。

4 **讦施**：疑为"许施"之误。给人许诺。

5 **面从**：当面依从。

6 **大权**：最能权变者。

7 **御情之反**：掌握人情的复杂性，追踪与现象相反的真相。

8 **诡情御反**：用不同常情的态度，去看待反常的事情。

原文

何谓"观其爱敬,以知通塞"?盖人道[1]**之极,莫过爱敬。**爱生于父子,敬立于君臣。**是故《孝经》**[2]**以爱为至德,**起父子之亲,故为至德。**以敬为要道。**终君臣之义,故为道之要。**《易》**[3]**以感为德**[4]**,**气通生物,人得之以利养。**以谦为道**[5]。尊卑殊别,道之次序。**《老子》**[6]**以无为德,**施化无方,德之则也。**以虚为道。**寂寞无为,道之伦也。**《礼》**[7]**以敬为本。**礼由阴作,肃然清净。**《乐》**[8]**以爱为主。**乐由阳来,欢然亲爱。**然则人情之质,有爱敬之诚,**方在哺乳,爱敬生矣。**则与道德同体,动获人心,而道无不通也。**体道修德,故物顺理通。**然爱不可少于敬。少于敬,则廉节者归之,**廉人好敬,是以归之。**而众人不与。**众人乐爱,爱少,是以不与。**爱多于敬,则虽廉节者不悦,而爱接者死之。**廉人寡,常人众,众人乐爱致其死,则事成业济。是故爱之为道,不可少矣。**何则?敬之为道也,严而相离,其势难久。**动必肃容,过之不久,逆旅之人,不及温和而归也。**爱之为道也,情亲意厚,深而感物。**煦渝笃密,感物深感,是以翳桑之人,倒戈报德。**是故观其爱敬之诚,而通塞之理可得而知也。**笃于慈爱,则温和而上下之情通。务在礼敬,则严肃而外内之情塞,然必

译文

什么叫"观其爱敬,以知通塞"呢?大概社会规范的最高准则,莫过于爱和敬了。所以,《孝经》把亲爱作为最高的德行,以尊敬为重要的原则。《易经》以感应为至德,以谦逊为准则。《老子》以无为为德,以虚为道。《礼》以恭敬为基础。《乐》以亲爱为主旨。可见人性中生来就有爱敬的品质,它和道德是一体的。因而总是获得人心,存心爱敬,则人情事理没有不通达的。不过,亲爱不可少于恭敬。如果亲爱少于恭敬,廉节的人拥护,群众却不能亲附。亲爱多于恭敬,廉节的人虽然不喜欢,被爱的群众却乐意效命。为什么呢?因为恭敬这种德行,很严肃,使人们保持着一定的距离,不很亲近。而这种关系是难以持久的。至于亲爱这种德行,情意亲密而厚重,能够深深地感动人心。所以,观察一个人对爱敬是否真诚,他

爱敬相须，不可一时而无。然行其二义者，常当务令爱多敬少，然后肃穆之风可得希矣。

和人们亲近或隔阂的原因也就明白了。

注释

1 **人道**：我国古代哲学中与“天道”并提的概念。指社会的规范和为人之道。《礼记·丧服小记》：“亲亲、尊尊、长长、男女之有别，人道大者也。”

2《**孝经**》：儒家经典之一。论述封建孝道，宣传宗法思想，汉代列为七经之一。

3《**易**》：《周易》的简称，也称《易经》。儒家的经典之一。内容包括《经》和《传》两部分。《经》由卦、爻两种符号和卦辞（说明卦的）、爻辞（说明爻的）两种文字构成。都是为着占卦用的。《传》是儒家学者对《周易》作的各种解释，共十篇，也称“十翼”。为什么称作“易”？“易”有三种含义：一、变易，指穷究事物变化；二、简易，执简驭繁的意思；三、不易，永恒不变的意思。相传系周代人所作的书，故名《周易》。另一种说法，“周”有周密、周流之义。据近人研究，《易经》最早可能萌芽于殷周之际，不过全部经文当系长期积累的产物。《易传》大概是战国末期或秦汉之际的作品。《易》虽是占卜之书，但是在迷信的形式中，保存了古代人的一些朴素辩证法的观点。

4 **以感为德**：《易传》认为，一切事物的形成和变化都是由阴阳、刚柔、动静这些对立面的增长、交感、相摩、相荡所引起的。《周易·咸卦》：“二气（阴阳二气）感应以相与（彼此交接）……天地感而万物化生。”以感为德，就是把感应作为恩德（好处）。作者大概认为，感应就包含着爱。

5 **以谦为道**：谦是谦逊，谦退，屈己下人。《周易·谦卦》：“谦尊而光。”意思是，尊贵者因能谦而更光大。以谦为道，就是把谦逊作为道德。作者大概认为，谦逊就包含着尊敬别人的意思。

6《**老子**》：亦称《道德经》，道家的主要经典。相传春秋时思想家、道家的创始人老聃所著。老子认为宇宙万物的根源是“道”，“道”是无形无象的，也就是“虚”。他说：“天之道，虚其无形。”而具体事物从“道”所得的特性便是“德”。道和德的关系是：各个的德综合为一般的道，一般的道表现为各个的德，道不离德。《老子》书中包含着朴素的辩证法因素。它认为一切事物都是相反相成的，如"祸兮福之所倚，福兮祸之所伏"。一切事物的生成变化都是"有无相生"，而"无"是更基本的，所以说："天下万物生于有，有生于无。"老子认为天道就是以上所说的那样。因而治国、立身、处世都应当贯穿着这个根本思想，所谓"人法地，地法天，天法道，道法自然"。而"自然"是"无为"的，人既然必须最终效法"自然"，也就应该以"无为"为德。所以说："上德无为而无以为。"（《老子·三十八章》）本篇"此处《老子》以无为德"缺一"为"字，应当是"《老子》以无为为德"。

7《**礼**》：儒家经典《仪礼》的简称，也称《礼经》或《士礼》，是春秋、战国时代一部分礼制的汇编。"礼"是古代维护等级制度而制定的社会规范和道德规范，儒家自孔子起就提倡礼治和礼教。

8《**乐**》：即《乐经》。儒家有六部经典，称"六经"，即《诗》《书》《礼》《易》《春秋》和《乐经》。后世学者，或认为《乐经》本来有书，因秦始皇焚书而亡失；或认为本来没有《乐经》一书，"乐"包括在《诗》《礼》之中。

原文

何谓"观其情机，以辨恕惑"？夫人之情有六机[1]：杼[2]其所欲，则喜；为有力者誉乌获，其心莫不忻焉。**不杼其所能，则怨；**为辨给者称三缄，其心莫不忿然。**以自伐历[3]之，则恶；**抗己所能以历众人，众人所恶。**以谦损下之，则悦；**卑损下人，人皆喜悦。**犯其所乏，则婟[4]；**人皆悦己所长，恶己所短。故称其所短，则婟戾忿肆。**以恶犯婟，则妒。**自伐其能，人所恶也，称人之短，人所婟也。今伐其所能，犯人所婟，则妒害生也。**此**

译文

什么叫做"观其情机，以辨恕惑"呢？人的情感有六个关键：顺遂了他的欲望就喜欢，没有让他施展才能就抱怨。谁在他面前自夸他就憎恶，谁在他面前谦让他就高兴，触犯了他的短处他就气恼，谁既夸己长又犯他所短，他就嫉妒。这就是人性之六机。

按人之常情，没有谁不想实现自己的愿望的。所以有志之士以奋斗的成功为乐。高尚之士以人性之六机也。夫人情莫不欲遂其志。志之所欲，欲遂已成。故烈士乐奋力之功，遭难而力士奋。善士[5]乐督政之训，政修而善士用。能士乐治乱之事，治乱而求贤能。术士乐计策之谋，广算而求其策。辨士乐陵讯[6]之辞，宾赞而求辨给。贪者乐货财之积，货财积，则贪者容其求。幸者乐权势之尤[7]。权势之尤，则幸者窃其柄。苟赞其志，则莫不欣然。是所谓"杼其所欲，则喜"也。所欲之心杼尽，复何怨乎。

若不杼其所能，则不获其志。不获其志，则戚。忧己才之不展。是故功力不建，则烈士奋；奋，愤不能尽其材也。德行不训，则正人哀；哀，哀不得行其化。政乱不治，则能者叹；叹，叹不得用其能。敌能未弭[8]，则术人思；思，思不得运其奇。货财不积，则贪者忧；忧，忧无所收其利。权势不尤，则幸者悲。悲，悲不得弄其权。是所谓"不杼其能，则怨"也。所怨不杼其能悦也。

政通人和为乐。贤能之士以拨乱政治的事功为乐。智术之士以计策的运筹为乐。善辩之士以凌厉敏捷的言辞为乐。贪婪之人以钱财的聚积为乐。受宠之臣以权势显赫为乐。假若你赞助了他们的心愿，就没有不喜欢的。这叫做"杼其所欲，则喜"啊！

如果人们不能施展才能，就不能实现自己的愿望，不能实现自己的愿望，他必定忧伤。因此，功业没有建树，有志之士就会愤恨。德行未能诲人，正人就会哀伤。政治混乱未能治理，贤能就会为之叹惋。敌人的优势未能消除，术士就会耿耿于怀。钱财积累不多，贪婪之人就会忧愁。权势不够显赫，受宠幸之人就会悲伤。这就叫做"不杼其所能，则怨"啊！

注释

1 **六机：**人的情感变化的六个关键，就是本文接着指出的"则喜""则怨""则恶""则悦""则媢""则妒"六点。

2 **杼(shū)：**通"抒"，抒发、表达。刘向《别录》："杼意通指，明其所谓。"

3 **历：**此处作逾越解。《孟子·离娄下》："礼，朝廷不历位而相与言。"

4 婟(hù)**:**看上下文意及刘昞注,为忿恨的意思。

5 善士:品行高尚的人。《孟子·万章下》:“一乡之善士,斯友一乡之善士;一国之善士,斯友一国之善士。”

6 陵讯:陵,严峻。《荀子·致士》:“凡节奏欲陵,而生民欲宽。”讯,通“迅”,迅速。陵讯,严峻而迅速。

7 尤:优异、突出。

8 弭(mǐ)**:**消除。

原文

人情莫不欲处前,故恶人之自伐。皆欲居物先,故恶人之自伐也。自伐,皆欲胜之类也。是故自伐其善,则莫不恶也。恶其有胜己之心。是所谓“自伐历之,则恶”也。是以达者终不自伐。

人情皆欲求胜。故悦人之谦。谦,所以下之。下有推与之意,是故人无贤愚,接之以谦,则无不色怿。不问能否,皆欲胜人。是所谓“以谦下之,则悦”也。是以君子终日谦谦。

人情皆欲掩其所短,见其所长。称其所长则悦,称其所短则愠。是故人驳[1]其所短,似若物冒之。情之愤闷,有若覆冒。是所谓“驳其所乏,则婟”也。覆冒纯塞,其心婟戾。

译文

人之常情,没有谁不想超过别人的,所以憎恶别人自夸。自夸无非是想胜过别人罢了!所以自夸其能的人,没有谁不憎恶的。这就叫做“自伐历之,则恶”啊!

人之常情,都想求胜,所以喜欢别人的谦让。谦让,表示甘居人下,居下,就有推崇对方的意思。所以,不管是贤人、庸人,你待之以谦让,别人没有不喜欢的。这就叫做“以谦下之,则悦”啊!

人之常情,都想掩盖自己的短处,显示自己的长处。所以谁要是揭他的短处,就好像什么东西把他蒙盖起来了一样气闷。这就叫做“驳其所长,则婟”啊!

人之常情,都想凌驾于别人之上。他憎恶别人自夸,你犯了

人情陵上者也。见人胜己，皆欲陵之。**陵犯其所恶，虽见憎，未害也。**虽恶我自伐，未甚疾害也。**若以长驳短，是所谓"以恶犯婟，则妒"恶生矣。**以己之长，驳人之短，而取其害，是以达者不为之也。

凡此六机，其归皆欲处上。物之自大，人人皆尔。**是以君子接物，犯而不校[2]。**知物情好胜，虽或以小犯己，终不校拒也。**不校，则无不敬下，所以避其害也。**务行谦敬，谁害之哉。**小人则不然。既不见机，**不达妒害之机。**而欲人之顺己，**谓欲人无违己。**以佯爱敬为见异，**孔光逡巡，董贤欣喜。**以偶邀会为轻，**谓非本心，忿其轻己。**苟犯其机，则深以为怨。**小人易悦而难事。**是故观其情机，而贤鄙之志可得而知也。**贤明志在退下，鄙劣志在陵上。是以平淡之主，御之以正，训贪者之所忧，戒幸者之所悲。然后物不自伐，下不陵上，贤否当位，治道有序。

这一条，虽然遭憎恶，还不至于受嫉妒。如果夸己之长去攻对方之短，这就叫做"以恶犯婟"，这就要使他既憎恶又产生嫉妒之心了。

以上"六机"，归根结底都是想占上风。所以，君子与人交接，纵被触犯，也不计较。不计较，就没有不敬人不下人的表现，这样用来避免别人的嫉妒。小人却不是这样，既不知人情的枢机，又想别人顺从自己的心意，他把别人佯装的爱敬误认为自己真的不同凡庸，把别人偶然邀请视为轻视自己。如果犯了他的情机，他就怀恨在心。因此，观察一个人的情机，他的思想高尚还是低下就可得而知了。

注释

1 **驳：**论列是非。

2 **犯而不校：**语出《论语·泰伯》："有若无，实若虚，犯而不校。"意思是：有学问像没学问一样，满腹学识像空无所有一样，纵被触犯，也不计较。

原文

何谓“观其所短以知所长”？**夫偏材之人，皆有所短。**智不能周也。**故直之失也，讦。**刺讦伤于义，故其父攘羊，其子证之。**刚之失也，厉。**刚切伤于理，故谏君不从，承之以剑。**和之失也，懦。**懦弱不及道，故宫之奇为人懦，不能强谏。**介[1]之失也，拘。**拘愚不达事，尾生守信，死于桥下。**夫直者不讦，无以成其直。既悦其直，不可非其讦。**用人之直，恕其讦也。**讦也者，直之征也。**非讦不能为直。**刚者不厉，无以济其刚。既悦其刚，不可非其厉。**用人之刚，恕其厉也。**厉也者，刚之征也。**非厉不能为刚。**和者不懦，无以保其和。既悦其和，不可非其懦。**用人之和，恕其懦也。**懦也者，和之征也。**非懦不能为和。**介者不拘，无以守其介。既悦其介，不可非其拘。**用人之介，恕其拘也。**拘也者，介之征也。**非拘不能为介。**然有短者，未必能长也。**纯讦之人，未能正直。**有长者，必以短为征。**纯和之人，征必懦弱。**是故观其征之所短，而其材之所长可知也。**欲用其刚，必采之于厉。

译文

什么叫做“观其所短以知所长”呢？大凡偏材之人都有他的短处。因此，直率之人的短处是攻讦人之短。刚正之人的短处是过于严厉。和善之人的短处是软弱。耿介之人的短处是拘泥。因为直率之人不攻讦人之短，就不成其为直率。既然你喜欢他的直率，就不可责怪他讦人之短。讦人之短，乃是直率的特征。刚正之人如果不严厉，就不成其为刚正。既然你喜欢他的刚正，就不可责怪他的严厉。严厉，乃是刚正的特征。和善之人如果不软弱，就不成其为和善。既然你喜欢他的和善，就不可责怪他软弱。软弱，乃是和善的特征。耿介之人如果不拘泥，就不成其为耿介。既然你喜欢他的耿介，就不可责怪他的拘泥。拘泥，乃是耿介的特征。然而有某种短处，未必就有另一种长处。有某种长处，必然有另一种短处为特征。因此，观察一个人作为特征的短处是什么，就知道他材质方面与此相连的长处可能是什么。

注释

1 介： 独特、耿直。《孟子·尽心上》："柳下惠不以三公易其介。"（柳下惠不因为三公的高位改变他耿介的操守。）

原文

何谓"观其聪明、以知所达"？夫仁者，德之基也。 载德而行。**义者，德之节也。** 制德之所宜也。**礼者，德之文也。** 礼，德之文理也。**信者，德之固也。** 固，德之所执也。**智者，德之帅也。** 非智不成德。**夫智出于明。** 明达乃成智。**明之于人，犹昼之待白日，夜之待烛火。** 火日所以照昼夜，智达所以明物理。**其明益盛者，所见及远。** 火日愈明，所照愈远。智达弥明，理通弥深。**及远之明难，** 圣人犹有不及。**是故守业勤学，未必及材。** 生知者上，学能者次。**材艺精巧，未必及理。** 因习成巧，浅于至理。**理义辨给[1]，未必及智。** 理成事业，昧于玄智。**智能经事，未必及道。** 役智经务，去道远矣。**道思玄远，然后乃周。** 道无不载，故无不周。**是谓学不及材，材不及理，理不及智，智不及道。** 道智玄微，故四变而后及。**道也者，回复变通。[2]** 理不系一，故变通之。**是故别而论之，各自独行，则仁为胜。** 仁者济物之资，明者见理而已。**合**

译文

什么叫做"观其聪明，以知所达"呢？仁，乃是道德的基础。义，乃是道德的节制。礼，乃是道德的文采。信，乃是道德的保证。智，乃是道德的统帅。智来自对事物的明辨。明辨对于人来说，就好比白天之需要日光，夜晚之需要烛火一样。日光和烛火越明亮，人看得越远。看得远是不容易的，因此，坚持勤奋学习，未必就能成才。才艺精巧，未必明白道理。讲起理来能言善辩，未必具有智慧。智慧足以担当政事，未必通达大道。对于大道认识得深远，知识才算全面周到。这就是所谓"学不及材，材不及理，理不及智，智不及道"。大道啊，是回复变通的。因此，将大道的组成部分分开来单独实行的话，那么仁爱是更重要的。如果综合起来运用的话，那么聪明便处于统帅地位。以

而俱用，则明为将。仁者待明，其功乃成。**故以明将仁，则无不怀。**威以使之，仁以恤之。**以明将义，则无不胜。**示以断割之宜。**以明将理，则无不通。**理若明练，万事乃达。**然则苟无聪明，无以能遂。**暗者昧时，何能成务成遂。**故好声而实，不克则恢。**恢迂远于实。**好辩而理，不至则烦。**辞烦而无正理。**好法而思，不深则刻。**刻过于理。**好术而计，不足则伪。**伪，诬诈也。**是故钧材[3]而好学，明者为师。比力而争，智者为雄。等德而齐，达者称圣。圣之为称，明智之极明也。**是以动而为天下法，言而为万世范，居上位而不亢，在下位而不闷。**是以观其聪明，而所达之材可知也。**

聪明统帅仁爱，没有人不感戴的。以聪明统帅义，没有不胜利的，以聪明统帅道理，没有不通达的。这样说来，如果没有聪明的话，以上的结果就无法得到。所以，爱好名声也要讲实际，否则就流于浮夸。爱好辩才也要懂道理，否则就流于烦琐。爱好法制也要思虑深远，否则就流于刻酷。爱好权术也要顾大计，否则就流于诈伪。因此，同样材质的人，同样努力学习，聪明的人必当老师。力量相当的双方争斗，智者必定胜利。品德相等者互相看齐，明达者称为圣人。圣人这种称号，表示是明智者当中最明智的人。因此，观察人的聪明程度，他所达到的材质就可得而知了。

注释

1 **辨给：**辨，通“辩”。辨给，能言善辩。《韩非子·难言》：“捷敏辩给，繁于文采，则见以为史。”

2 **道也者，回复变通：**道，就是天道。作者本《周易》的哲学思想，认为宇宙万事万物是“变动不居”的。在人事上也是“穷则变，变则通，通则久”。变化不是向前发展，而是终而复始的，循环与重复的，也就是“回复”的。

3 **钧材：**钧，通“均”。《孟子·告子上》：“均是人也，或为大人，或为小人，何也？”（都是一样的人，有的成为上等人，有的成为下等人，这是什么缘故呢？）均材，都是一样的人才。

七缪第十

人物之理，妙而难明，以情鉴察，缪犹有七。

导读

本篇论鉴别人才的种种错误。作者归纳了七条,称之为“七缪”。

一、听信声誉的错误。一个人,大家都说好,或者都说坏,未必可信。应该亲自观察,这个的上级、平级和下级的意见都要听一听。

二、为爱恶所蒙蔽的错误。由于看不清人的本质,可能和好人疏远,和邪人亲近。考察人才时,因此被爱恶之情所蒙蔽。

三、看待心志大小的错误。心小志大者圣贤,心大志大者豪杰,心大志小者傲荡,心小志小者拘软。分辨不清,就会看错人。

四、看待成就早晚的错误。人才有早智的、晚智的、早成的、晚成的。品评人才不能一概而论。

五、对待类型异同的错误。人之常情,对同类型者亲爱,对反类型者憎恶,对异杂类淡漠。鉴别人才因此态度偏颇而致错误。

六、不辨处势伸压的错误。人才有的处于伸展地位(富贵遂达),有的处于压抑地位(贫贱穷匮)。伸展者虽无大才,因有好处给人,都说他好。反之,受压抑者虽无罪过,却受责难。鉴别人才,不看处势伸压以致错误。

七、观察两种非常人才(“二尤”)的错误。非常美妙(超奇)之人,含内在之美。非常虚伪之人,可能仪表堂堂,一般人看不到实质以致错误。

原文

七缪[1]**:一曰察誉**[2]**,有偏颇之缪;**征质不明,故听有偏颇也。二

译文

鉴别人才的七种谬误就是:第一、考察声誉,可能有偏听之误;第

曰接物，有爱恶之惑；或情同，忘其恶，或意异，违其善也。**三曰度心**[3]**，有小大之误**；或小知而大无成，或小暗而大无明。**四曰品质**[4]**，有早晚之疑**；有早智而速成者，有晚智而晚成者。**五曰变类**[5]**，有同体之嫌**；材同势均，则相竞；材同势倾，则相敬。**六曰论材，有申压**[6]**之诡**；藉富贵则惠施而名申，处贫贱则乞求而名压。**七曰观奇**[7]**，有二尤**[8]**之失**。妙尤含藏，直尤虚瑰，故察难中也。

二、接触人物，可能被爱恶之心迷误；第三、揣度人心，可能在志大、心小方面发生错误；第四、品评材质，可能有早成、晚成之误；第五、分辨人才的类型，可能因为彼此同体发生错误；第六、论人才，可能因忽略伸压的因素而失误；第七、观察非常人才，可能发生"二尤"之误。（译者按："七缪"在下文有详细说明。这里如果照文直译，说不明白，所以参考下文译出大意。）

注释

1 **七缪**：缪(miù)，通"谬"，错误、谬误。七谬，就是鉴别人才容易发生的七种错误。

2 **察誉**：考察人们的声誉真实程度如何。

3 **度心**：揣度对方的心。是小心谨慎，还是粗心莽撞。"心"在这儿含思虑和欲望的意思。

4 **品质**：和日常说的道德品质的"品质"含义不同，这儿是说"品"评人的材"质"。

5 **变类**：变，通"辩"，分辨的意思。变类，分辨人才的类型。

6 **申压**：申，通"伸"。压，压抑。伸压即屈伸，人物得意或失意，受重用或受压抑。

7 **观奇**：看待与对待奇异的人才。

8 **二尤**：指两种异于寻常的人物，即后文讲的"尤妙之人"和"尤虚之人"。

原文

夫采访之要，不在多少。事无巨

译文

采访对于人才的评论，重

细，要在得正。然征质不明者，信耳而不敢信目。目不能察，而信于耳。故人以为是，则心随而明之。人以为非，则意转而化之。信人毁誉，故向之所是，化而为非。虽无所嫌，意若不疑。信毁誉者心虽无嫌，意固疑矣。且人察物，亦自有误。爱憎兼之，其情万原。明既不察，加之爱恶是非，是疑岂可胜计。不畅其本，胡可必信。去爱憎之情，则实理得矣。是故知人者，以目正耳；虽听人言，常正之以目。不知人者，以耳败目。亲见其诚，犹信毁而弃之。故州闾之士[1]，皆誉皆毁，未可为正也。或众附阿党，或独立不群。交游之人誉不三周[2]，未必信是也。交结致誉，不三周，色貌取人，而行违之。夫实厚之士，交游之间，必每所在肩称[3]。言忠信，行笃敬，虽蛮貊之邦行矣。上等援之，下等推之，蛮貊推之，况州里乎。苟不能周，必有咎毁。行不笃敬进者，或谄谀得上而失于下，或阿党得下而失于上。故偏上失下，则其终有毁。非之者多，故不能终。偏下失上，则其进不杰[4]。众虽推之，上不信异。故诚能三周，则为国所利。此正直之

要的不在于事迹的多少。可是不明白外部表现和内在品质关系的人，却只相信耳闻而不敢相信眼见。因此，别人以为是的，自己也随着那样去看。别人以为非的，自己就改变原有的看法，随着以为非。虽然对于考察的对象并无私怨，自己也以为看准了。再说，人们观察别人，本有看错的可能，加上爱憎的感情作用，产生谬误的因素多得不可胜计。不明白人才的根本道理，怎么能观察得准确呢？因此，善于鉴别人才者，以眼见校正耳闻；不善于鉴别人才者，以耳闻否决眼见。所以，在州里乡里的人物，凡是一致说好或一致说坏的，都不能作为定论。和人才交游的人，除非上、下、周列三方面一致称誉他，否则他就未必真那么好。因为老实厚重的人，他所交游的人，必定都给予差不多的声誉。地位高的人提拔他，地位低的人推举他。一个人如果不被普遍地称誉，必有讲他的缺点或坏话的。所以，偏重上层而轻视下层的人，最后一定遭到毁谤。偏重下层而忽视上层的人，结果也不会被重用。因此，

交也。由其正直，故名有利。**故皆合而是，亦有违比。**或违正阿党，故合而是之。**皆合而非，或在其中。**或特立不群，故合而非之。**若有奇异之材，则非众所见。**奇逸绝众，众何由识。**而耳所听采，以多为信。**不能审查其材，但信众人言也。**是缪于察誉者也。**信言察物，必多缪失。是以圣人如有所誉，必有所试。

真正能得到上、中、下三层人士的称誉，则对国家是有利的。这是一种正直的交游啊！大家合起来一致说好的，其中也可能有结党朋比的。大家合起来一致说坏的，也可能这个人是保持中立的。至于有奇特的人才，就不是一般人能发现的。可是，听取旁人意见，总是以为讲的人多就可靠。这就是在察誉方面常犯的错误。

注释

1 **州闾之士：**州里、乡里的人物。《史记·滑稽列传》："若乃州闾之会，男女杂坐，行酒稽留。"

2 **三周：**周，周到、普遍。《周易·系辞上》："知周乎万物。"三周，本文所说的三方面的人（上级、下级、同列）普遍地称誉。

3 **所在肩称：**肩称一词，含义及出处不清楚，观上下文意，大约是说：所到之处，和他相上下的人都一致称誉，或处处给予差不多的称誉。或者可以这样解释：肩意为任用，肩称意为称誉（其）可以任用，因此此句意谓，（他）所在之地，大家都称誉其可以任用。

4 **不杰：**不特出，不看重。

原文

夫爱善疾恶，人情所常。不问贤愚，情皆同之也。**苟不明质，或疏善，善非。**[1]非者见善，善者见疏，岂故然哉，由意不明。**何以论之？夫善非者，虽非犹有所是。**既有百非，必有一是。**以**

译文

喜爱好人，憎恶邪人，乃是人之常情。如果没有深入了解对方的本质，就可能与好人疏远，与邪人亲善。为什么这样说呢？因为亲善邪人，是由于邪

其所是,顺己所长,恶人一是,与己所长同也。**则不自觉情通意亲,忽忘其恶。**以与己同,忘其百非,谓矫驾为至孝,残桃为至忠。**善人虽善,犹有所乏。**虽有百善,或有一短。**以其所乏,不明己长。**善人一短,与己所长异也。**以其所长,轻己所短,则不自知志乖气违[2],忽忘其善。**以与己异,百善皆弃,谓曲杖为匕首,葬楯为反具耶。**是惑于爱恶者也。**征质暗昧者,其于接物常以爱恶惑异其正。

人虽然不好,但也还有好的地方。以他好的地方顺应自己的长处,就不自觉地和他情通意亲,一下忘记了他的坏处。好人虽好,也还有短缺之处。他因有某种短处而不能理解自己的长处,他因有某种长处而轻视自己的短处,于是不由得产生反感:一下子忘记了他的好处。这就是被爱恶之情所迷惑的一种情况。

注释

1 **疏善,善非:**与好人疏远,与邪人亲善。

2 **志乖气违:**乖,违背,不协调。《韩非子·亡征》:"内外乖者,可亡也。"志乖气违,反感,心里别扭。

原文

夫精欲深微[1],质欲懿重[2],志欲弘大,心欲嗛小[3]。精微,所以入神妙也。粗则失神。**懿重,所以崇德宇也[4]。**躁则失身。**志大,所以戡物任[5]也。**小则不胜。**心小,所以慎咎悔也。**大则骄陵。**故《诗》咏文王[6]"小心翼翼",不大声以色,小心也。**言不贪求大名声见于颜色。**"王赫斯怒,以对于天下"[7],志大也。**故能诛纣,定天下,以致太平。**由此**

译文

人的思维要求深刻而精细,品德要求端美而厚重,志要弘大,心要细小。思维深刻精细才能进入神妙的境界。品德端美厚重才能使气度宏大崇高。志气大才能担当重任。心小才能避免错误与后悔。所以《诗经》歌颂周文王"小心翼翼",说明他

论之，心小志大者，圣贤之伦也。心小，故以服事殷，志大，故三分天下有其二。**心大志大者，豪杰之俊也。**志大而心又大，故名豪俊。**心大志小者，傲荡**[8]**之类也。**志小而心阔远，故为傲荡之流也。**心小志小者，拘懦**[9]**之人也。**心近志短，岂能弘大。**众人之察，或陋其心小，**见沛公烧绝栈道，谓其不能定天下。**或壮其志大，**见项羽号称强楚，便谓足以匡诸侯。**是误于小大者也。**由智不能察其度，心常误于小大。

小心谨慎，从不表露出贪求大名声的样子。《诗经》上又说"王赫斯怒，以对于天下"，说明他的志向很大。由此说来，心小志大的，是圣贤一类的人。心大志大的，是豪杰中突出的人。心大志小的，是高傲而放荡一类的人。心小志小的，是拘泥而软弱的人。一般人的眼光，有时看不起心小的人，有时又赞赏志大的人，就是把心志小大的问题弄错了。

注释

1 **精欲深微：**精，指精气。我国古代哲学家认为，精气是"元气"中精微细致的部分，是生命的根源。本文以"精"和"质"并称，精指的是人的思维活动或智慧。意思是：人的思维要求深刻而细密。

2 **质欲懿重：**人的品德要求美好而厚重。

3 **心欲嗛小：**嗛(qiān)，微小。《国语·晋语一》："嗛嗛之德，不足就也。"韦昭注："嗛嗛，犹小小也。"心欲嗛小，心要小，要谨慎。

4 **崇德宇：**德宇，气度、器量。《国语·晋语四》："今君之德宇，何不宽裕也。"崇德宇，使气度宏大崇高。

5 **勘物任：**勘(kān)，平定、征服。意思是，担当人世间的大任。

6 **《诗》咏文王：**《诗经》歌颂周文王说："维此文王，小心翼翼。"（见《诗经·大雅·大明》）意思是：讲到这个文王啊，他做人是很小心谨慎的。翼翼，是勤谨恭敬的样子。

7 **"王赫斯怒，以对于天下"：**见《诗经·大雅·皇矣》："王赫斯怒，爰整其旅，以遏徂旅，以笃于周祜，以对于天下。"大意是说：周文王听见密国人侵略阮国，勃然大怒，于是整顿自己的军队，去阻挡密国的军队，这样来积累周国的福分，并报答天下百姓的期望。

8 **傲荡：**高傲而放荡。

9 **拘懦：**拘泥小节而又软弱。

原文

夫人材不同，成有早晚。有早智而速成者，质清气朗，生则秀异，故童乌苍舒，总角曜奇也。有晚智而晚成者，质重气迟则久乃成器，故公孙含道，老而后章。有少无智而终无所成者，质浊气暗，终老无成，故原壤年老，圣人叩胫而不能化。有少有令材遂为俊器[1]者。幼而通理，长则愈明，故常材发奇于应宾，效德于公相。四者之理，不可不察。当察其早晚，随时而用之。夫幼智之人，材智精达，然其在童髦[2]皆有端绪。仲尼戏言俎豆，邓艾指图军旅。故文本辞繁，初辞繁者，长必文丽。辩始给口，幼给口者，长必辩论也。仁出慈恤，幼慈恤者，长必矜人。施发过与，幼过与者，长必好施。慎生畏惧，幼多畏者，长必谨慎。廉起不取。幼不妄取，长必清廉。早智者浅惠[3]而见速，见小事则达其形容。晚成者奇识而舒迟[4]，智虽舒缓，能识其妙。终暗者并困于不足，事务难易，意皆昧然。遂务者周达[5]而有余。事无大小，皆能极之。而众人之察，不虑其变，常以一概，责于终始。是疑于早晚者也。或以

译文

人才的成就有的早有的晚，各不相同。有的早年聪慧而且迅速成功，有的晚年多智而晚有成就，有的少年无才智终老无所成，有的少有令名终于成为大器。这四种人成材的规律，不可不加以考察。幼智之人，才智精明通达，而他在少年时代就露出了苗头。所以，文学的才能出自言辞不穷，善辩的才能始于伶牙俐齿，仁爱者幼年对人慈善怜悯，好施者幼年慷慨济人，谨慎生于多畏惧，廉洁起于不妄取。早智之人识见肤浅而反应迅速，晚成之人识见过人而反应迟缓，终身暗昧之人因识见短浅困窘一世，练达之人事无大小都能应付裕如。然而一般人不考虑

早成而疑晚智，或以晚智而疑早成，故于品质，常有妙失也。

这些差异，这就是在成材早晚的问题上犯了错误。

注释

1 **俊器：**器，才能、本领，亦作人才解。《三国志 · 蜀书 · 诸葛亮传》："亮之器能政理，抑亦管、肖之亚匹也。"俊器，俊秀的人才。

2 **童髦：**髦(máo)，古代称幼儿下垂到眉毛的短头发。古代未成年的发式也称髦。童髦，幼年和少年时代。

3 **浅惠：**惠，通"慧"，智慧、聪明。《后汉书·孔融传》："将不早惠乎？"浅惠，小处聪明。

4 **舒迟：**反应迟缓。

5 **周达：**各方面都通达。

原文

夫人情莫不趣名利，避损害。名利之路，在于是得。是得在己，名利与之。损害之源，在于非失。非失在己，损害攻之。故人无贤愚，皆欲使是得在己。贤者尚然，况愚者乎。能明己是，莫过同体[1]。体同于我，则能明己。是以偏材之人，交游进趋之类，皆亲爱同体而誉之；同体能明己，是以亲而誉之。憎恶对反[2]而毁之；与己体反，是以恶而疏之。序[3]异杂而不尚也。不与己同，不与己异，则虽不憎，亦不尚之。推而论之，无他故焉。夫誉同体，毁对反，所以证彼非而著己是也。由

译文

按人之常情，无有不追求名利，不避损害的。名利之路建立在"是"（正确）和"得"（获利）上面。损害的根源则在于"非"（错误）和"失"（丧失）。因此，无论是圣人或愚人，都想使"是"和"得"归自己。能够证明自己"是"的，莫过于同体之人。所以，偏材之人，交结锐意进取之类的人，他们都亲爱同类而相互称誉，憎恶反类型的人而加以毁谤，评议异杂之类的人则不加赞扬。推究起来，也没有别的缘故，他们誉同体，毁对反，目的是以此证明对

与己同体，故证彼非，而著己是也。**至于异杂[4]之人，于彼无益，于己无害，则序而不尚。**不以彼为是，不以己为非，都无损益，何所尚之。**是故同体之人，常患于过誉，**譬俱为力人，则力小者慕大，力大者提小，故其相誉，常失其实也。**及其名敌，则鲜[5]能相下。**若俱能负鼎，则争胜之心生，故不能相下。**是故直者性奋，好人行直于人，**见人正直，则心好之。**而不能受人之讦。**刺己之非，则讦而不受。**尽者情露，好人行尽于人，**见人颖露，则心好之。**而不能纳人之径[6]。**说己径尽，则违之不纳。**务名者乐人之进趋过人，**见人乘人，则悦其进趣。**而不能出陵己之后。**人陵于己，则忿而不服。**是故性同而材倾[7]，则相援而相赖也。**并有旅力，则大能奖小。**性同而势均，则相竞而相害也。**恐彼胜己，则妒善之心生。**此又同体之变也。故或助直而毁直，**人直过于己直，则非毁之心生。**或与明而毁明。**人明过于己明，则妒害之心动。**而众人之察不辨其律理，是嫌于体同也。**体同尚然，况异体乎。

反者为"非"，证明自己为"是"。至于异杂之人，对于对反者无益，对自己也无害，提到他们不加赞扬就行了。所以，同体之人常常把同体者称誉得过分了。但到了互相名气相当的时候，却很少有愿意退让的。因此，直率的人生性奋扬，喜欢别人对人直率，却不能容人揭己之短。爽快之人情感外露，喜欢别人对人爽快，却不能容人对自己任性。好名的人喜欢别人在竞争中超过他人，却不愿意自己居于人下。因此，两个人如果性情相同而才能有高低，就会互相援助互相依赖；性情相同而势均力敌，就会互相竞争互相嫉妒。这又是同体的另一种表现。所以有人喜欢直率却又毁谤直率之人，有人赞许聪明却又毁谤聪明之人。可是，一般人的见识，分不清其中的规律和道理，就被体同现象迷惑了。

注释

1 同体：同类型。

2 **对反：**相反的。

3 **序：**评定。

4 **异杂：**既不相同，也不相反的他类。

5 **鲜：**很少。

6 **径：**直接、径尽。《礼记·檀弓下》："有直情而径行者。"（任凭自己的思想径直做去。）

7 **材倾：**倾，胜过、超越。《汉书·田蚡传》："欲以倾诸将相。"颜师古注："倾谓逾越而胜之也。"材倾，材质一方胜过一方。

原文

夫人所处异势[1]，势有申压。富贵遂达[2]，势之申也。身处富贵，物不能屈，是以佩六国之印，父母迎于百里之外。贫贱穷匮，势之压也。身在贫贱，志何申展，是以黑貂之裘弊，妻嫂堕于闺门之内。上材之人，能行人所不能行。凡云为动静，固非众人之所及。是故达有劳谦之称，穷有著明之节[3]。材出于众，其进则裒多益寡，劳谦济世，退则履道坦坦，幽人贞吉。中材之人，则随世损益[4]。守常之智，申压在时，故势来则益，势去则损。是故藉富贵则货财充于内，施惠周于外。赀财有余，恣意周济。见赡[5]者，求可称而誉之。感其恩纪，匡救其恶，是以朱建受金，而为食其画计。见援者，阐小美而大之。感其引援，将顺其美，是以曹丘见接，为季布扬名。虽无异材，犹行成[6]而名立。夫富与贵可不欣哉，乃至无

译文

人们所处的地位不同，地位有伸展的有压仰的。富与贵，得志与显达，是伸展的地位。贫与贱，困窘与匮乏，是压抑的地位。上等材质之人，能行人们所不能行之事，建立平常人不能建立的德业。所以，他们得志的时候，有勤劳谦逊的声誉，不得志的时候，也有著明的高风亮节。至于中等材质之人，那就随他所处地位或者好一些或者差一些。所以有的人凭借富贵的地位，家里钱财充足，外面广施周济。受惠的人就搜求他的好处加以宣扬。得到他帮助的人，把他的小善渲染为大善。虽然他并非特异的人才，但还

善而行成，无智而名立，是以富贵妻嫂恭，况他人乎。

是能够建立功业和获得声誉。

注释

1 **异势**：人们所处的不同的地位：优劣、高低、有利不利等。《孙子兵法·势篇》："勇怯，势也；强弱，形也。"（勇或怯，决定于所处的地位；强或弱，决定于实力的大小。）

2 **遂达**：遂，实现了志愿，得志。达，做了官而事事通达。《论语·颜渊》："夫达也者，质直而好义，察言而观色，虑以下人。在邦必达，在家必达。"

3 **著明之节**：显著而光明的节操。《礼记·中庸》："诚则形，形则著，著则明。"朱熹注："形者，积中而外发。著，则又加显矣。明，则又有光辉发越之盛也。"

4 **随世损益**：损益，增减、改动。随着时世的变化而改动。

5 **见赡**：赡，富足、供给。见赡，受惠。

6 **行成**：保持住良好品行。

原文

处贫贱，则欲施而无财，欲援而无势。有慈心而无以拯，识奇材而不能援。亲戚不能恤，朋友不见济。内无蔬食之馈，外无缊袍之赠。分义[1]不复立，恩爱浸[2]以离。意气皆空薄，分意何由立。怨望[3]者并至，归非者日多。非徒薄己，遂生怨谤之言。虽无罪尤，犹无故而废也。夫贫与贱可不慑哉，乃至无由而生谤，无罪而见废，是故贫贱妻子慢，况他人乎。故世有侈俭，名由进退[4]。行虽在我，而名称在世，是以良农能稼，未必能穑。天下皆富，则

译文

而有的人处于贫贱地位，他想施舍却无钱财，想援助却无权势。对亲戚不能体恤，对朋友不能周济。分内应尽的义务不能继续履行，亲友间的恩爱逐渐离析。抱怨的人一下子都拥上来，责怪的人一天比一天多起来。这样，虽然他没有什么罪过，还是无缘无故地被废弃了。所以，无论是富侈的时候，还

清贫者虽苦，必无委顿[5]**之忧。**家给人足，路人皆馈之。**且有辞施之高，以获荣名之利。**得辞施之高名，受余光之善利。**皆贫，则求假无所告，**家贫户乏，粟成珠玉。**而有穷乏之患，且生鄙吝之讼。**乞假无遗，与嫂叔争糟糠。**是故钧材而进有与之者，则体益而茂遂**[6]。己既自足，复须给赐，则名美行成，所为遂达。**私理卑抑有累之者**[7]，己既不足，亲戚并困。**则微降而稍退。**上等不援，下等不推。**而众人之观，不理其本，各指其所在，**谓申达者为材能，压屈者为愚短。**是疑于申压者也。**材智虽钧，贵贱殊途，申压之变，在乎贫富。

是不足的时代，人们是否有名望，还是由所处的地位来决定的。如果天下普遍富足，清贫的人虽然较为困苦，但是绝对没有无法生活的忧虑，而且还有以拒绝他人施舍的高风而获得荣誉的好处。天下普遍贫困，则借贷无门，有缺吃少穿之忧，而且发生鄙吝的争吵。因此，同样材质的二人，一个地位高有财物送给别人，结果名利双收，发达顺遂；一个地位低下，非但不能助人，而且连累亲友，结果地位还会有所降退。可是，一般人看问题，不分析其根源，只认定它的现状，因而看不清人才所处的地位有伸有压的问题。

注释

1 **分义**：分(fèn)，名分、职分。《淮南子・本经训》："各守其分，不得相侵。"分义，分内的义务，或分内应该做的。

2 **浸**(jìn)：渐渐。《周易・遁卦》："浸而长也。"孔颖达疏："浸者，渐进之名。"

3 **怨望**：心怀不满。《史记・商君列传》："商君相秦十年，宗室贵戚多怨望者。"

4 **进退**：古人称人所处的地位向上、向前为进，反之为退。

5 **委顿**：极度疲困。

6 **体益而茂遂**：据刘昞注，大意是说，自己充足，又能济人，于是名声更好，诸事遂达。

7 **私理卑抑有累之者**：据刘昞注，大意是说，自己既处于卑抑的地位且有亏累。

原文

夫清雅[1]之美，著乎形质，察之寡失。形色外著，故可得而察之。失缪之由，恒在二尤。二尤之生，与物异列。是故非常人之所见。故尤妙[2]之人，含精于内，外无饰姿。譬金冰内明而不外朗，故冯唐白首屈于郎署。尤虚[3]之人，硕言瑰姿，内实乖反[4]。犹烛火外照，灰烬内暗，故主父偃辞丽，一岁四迁。而人之求奇，不可以精微测其玄机[5]，明其异希[6]。其尤奇异，非精不察。或以貌少为不足，睹䶩蔑貌恶，便疑其浅陋。或以瑰姿为巨伟。见江充貌丽，便谓其巨伟。或以直露为虚华，以其款尽，疑无厚实。或以巧饬[7]为真实。巧言如流，悦而睹之。是以早拔多误，不如顺次。或以甘罗为早成，而用之于早岁，或误复欲顺次也。夫顺次常度也。苟不察其实，亦焉往而不失。征质不明，不能识奇，故使顺次，亦不能得。

译文

高洁文雅的美德，表现在外形容貌上，鉴定起来很少失误。鉴定人才发生谬误的原因，常常在“二尤”（两个特异）方面。“二尤”的产生，不合常规。“尤妙”之人，他的精华是内涵的，外部又无装饰。“尤虚”之人，豪言壮语，仪表堂堂，内在的实质却完全相反。然而人们由于好奇心的驱使，不可能通过外表细节去测度深藏的内情，从而了解这种异常的、稀罕的人物。或者把其貌不扬看作浅陋；或者把仪表堂堂视为伟人。或者把直率坦白看作浮夸，或者把巧言令色当成真实。因此，与其提拔人才太快，造成失误，倒不如按台阶顺次提拔为妥。顺次提拔是按常规办事。如果不考察人的实际情况，即使顺次提拔也难免失误。

注释

1 **清雅：**高洁文雅。《三国志·魏书·徐宣传》：“窃见尚书徐宣，体忠厚之行，秉直亮之性，清雅特立，不拘世俗，确然难动，有社稷之节。”

2 **尤妙：**特别美妙的，即超奇的。

3 **尤虚**：特别虚伪的。

4 **乖反**：不合常情、常道。

5 **玄机**：道家称深奥玄妙的义理。张说《道家》诗："金炉承道诀，王牒启玄机。"

6 **异希**：奇特而稀少的。

7 **巧饬**：饬(chì)，巧伪。《战国策·秦策一》："文士并饬。"巧饬，巧妙掩饰真情(伪装)。

原文

故遗贤而贤有济，则恨在不早拔。故郑伯谢之于烛武。拔奇而奇有败，则患在不素别。故光武悔之于朱浮。任意而独缪[1]，则悔在不广问。秦穆不从蹇叔，虽追誓而无及。广问而误己，则怨己不自信。隗嚣心存于汉，而为王元所误。是以骥子发足，众士乃误。[2]韩信立功，淮阴乃震。[3]夫岂恶奇而好疑哉？乃尤物不世见，而奇逸美异也。故非常人之所识也。是以张良体弱[4]，而精强为众智之俊也。不以质弱而伤于智。荆叔色平[5]，而神勇为众勇之杰也。不以色和而伤于勇。然则俊杰者，众人之尤也。奇逸过于众人，故众人不能及。圣人者，众尤之尤也。通达过于众奇，故众奇不能逮。其尤弥出[6]者，其道弥远。非天下之至精，其孰能与于此。

译文

所以，一度遗弃了贤才，后来又发现贤才有用时，就悔恨未能早日起用。本来当作奇才看待的，后来"奇才"败事，就为之前未能识别而难过。一意孤行造成谬误，就后悔不曾广泛地问人。广泛地问了人，结果又错了，就怨自己不能自信。因此，千里马一旦奋蹄奔腾，人们才醒悟过来。韩信建立了丰功，他的淮阴老乡于是大为震惊。难道是人们厌恶奇才，喜欢疑惑吗？不，乃是因为特异的人物是不常见的，出类拔萃的人才和平常人是不相同的。因此，张良虽然体弱，可是精明强干为众谋士之冠。荆轲看起来外貌平和，可是精奇武勇为众勇士所不及。这

故一国[7]**之俊，于州为辈，未得为第也。**郡国之所俊异，比于州郡，未及其第目。**一州之第，于天下为椳**[8]**。**州郡之所第目，以比天下之俊，椳而不可及。椳，一回反，枢也。**天下之椳，世有优劣。**英人不世继，是以伊、召、管、齐，应运乃出。**是故众人之所贵，各贵其出己之尤，**智材胜己，则以为贵。**而不贵尤之所尤。**尤之尤者，非众人之所识。**是故众人之明，能知辈士之数，**众人明者，粗知郡国出辈之士而已。**而不能知第目之度。**乃未识郡国品第之俊。**辈士之明，能知第目之度，**出辈明者，粗知郡国第目之良。**不能识出尤之良也。**未识出尤奇异之理。**出尤之人，能知圣人之教，**瞻之在前，忽焉在后。**不能究之入室之奥**[9]**也。**如有所立卓尔，虽欲从之，末由也已。**由是论之，人物之理，妙不可得而穷已。**为当拟诸形容，象其物宜，观其会通，举其一隅而已。

样看来，俊杰，就是群众中的特殊人物。圣人，就是特殊人物中的特殊人物。越是特别突出的人物，他的思想越是深远。所以，在一个郡国内的拔尖人才，在州内成批而排不上等级。在一州内排上等级的，在全国范围内只算得门臼（算不得大厦的梁柱和重要构件）。全国的门臼，各个时代也有优等的，有较差的。所以，一般人所看重的，是那超过自己的优异人才，而不看重那优异人才认为更优异的人才。所以一般人的见识，能知道郡国级人才的多少，却不知道州级人才的标准。郡国级人才的见识，能知道州级人才的标准，却不懂得特异人才的道理。特异的人才能知圣人的教导，却不能掌握最高的义理。由此说来，人才的道理，玄妙得不能穷尽啊！

注释

1 **独缪：**唯独一人错了。

2 **骥子发足，众士乃误：**骥子，千里马、良马，常用以比喻杰出的人才。发足，奋起骥之足，与“展其骥足”意思相同。《三国志·蜀书·庞统传》：“庞士元非百里才也，使处治中、别驾之任，始当展其骥足耳！”庞统投刘备，起初不被重视，任为耒阳县令。吴将鲁肃写信给刘备说：庞统应当委以重任，他才能像千里马一样，发挥飞奔的才能。刘备于是起用庞统，使其地位与诸葛亮相当。后来他辅佐刘备袭取四川，奠定了蜀国的基础。本书作者暗引庞统的故事，说庞统表现了卓越才能之后，大家才醒悟，过去把他低估了。“误”可能是“悟”之误。这样解释，才可以和下一句相对。

3 **韩信立功，淮阴乃震：**韩信，淮阴人，早年家贫穷，为当地少年戏侮，受胯下之辱。淮阴市人笑其怯懦。楚汉相争，韩信投刘邦，被拜为大将，佐刘邦灭项羽，建西汉王朝，以功封为楚王。淮阴人为之震惊。事见《史记·淮阴侯列传》。

4 **张良体弱：**张良与萧何、韩信，为辅佐刘邦建立西汉王朝的“三杰”。刘邦曾对群臣说：“夫运筹帷帐之中，决胜千里之外，吾不如张良……”张良体弱。《史记·留侯世家》：“张良多病，未尝特将也，常为画策臣，时时从汉王。”

5 **荆叔色平：**荆叔，即战国时行刺秦王嬴政的荆轲。色平，神色平静，喜怒不表现在脸上。相传燕太子丹请求田光推荐可以刺杀秦王的勇士。田光评论了太子丹收养的好几个勇士，都是一发怒，脸色就大变，因此不可派用。唯有他的好友荆轲是“神勇之人，怒而色不变”，可当刺杀秦王的重任。太子丹于是礼聘荆轲。事见《史记·刺客列传》。

6 **弥出：**弥（mí），更加。《论语·子罕》：“仰之弥高，钻之弥坚。”（越抬头看，越觉得高；越去钻研，越觉得深。）

7 **一国：**国，指汉代诸侯王的封地，后面讲的“天下”，指的是汉代的全国。

8 **椳（wēi）：**门臼，承接门枢的，以便于开闭。韩愈《进学解》：“欂、栌、侏儒、椳、闑、扂、楔，各得其宜，施以成室者，匠氏之功也。”

9 **入室之奥：**成语“升堂入室”，比喻做学问学技能由浅入深的阶段。“堂”是正厅，“室”是内室，“入室”表示有了高深的造诣。《论语·先进》：“由（子路）也升堂矣，未入于室也。”入室之奥，最高深的义理。

效难第十一

人才精微，实自难知。知之难审，效荐之难。

导读

对人才的识别是否正确，很难验证。主要有两难。第一，人才难以识别之难。人才是精深难知的认识对象。一般人不具备相当的观察力，各以自己的标准去鉴定人才，结果所得者少，所失者多。再者，人的名实不尽相副，表里不尽如一，还随着环境条件在变化，一般人很难全面掌握察人之道。第二，人才要在任用以后才可以验证，这也难以做到。因为：真正的人才，要遇上真正的识才者，这位真正的识才者又须是有地位有权势的人，而这个人又愿意举荐，几个条件都能凑齐的机会并不太多。

原文

盖知人之效[1]有二难：有难知之难。尤奇游杂，是以难知。**有知之而无由得效之难。**己虽知之，无由得荐。**何谓难知之难？人物精微[2]，**智无形状，奇逸精妙。**能神而明[3]，**欲入其神，而明其智。**其道甚难，固难知之难也。**知人则哲，惟帝难之，况常人乎。**是以众人之察不能尽备，**各守其一方而已。**故各自立度，以相观采。**以己所能，历观众才。**或相其形容，**以貌状取

译文

要证验对人才的识别是否正确有两个困难。有难以识别的困难，有识别了而无法证验的困难。什么叫做难以识别的困难呢？人才是很精深隐微的认识对象，要想像神明一样地完全认识他，是一门十分繁难的学问，这就是难以识别的困难。一般人的观察力不可能很完善，因而各自订立一个标准，

人。**或候其动作**，以进趋取人。**或揆[4]其终始**，以发正取人。**或揆其拟象[5]**，以旨意取人。**或推其细微**，以情理取人。**或恐其过误**，以简恕取人。**或循其所言**，以辞旨取人。**或稽[6]其行事**。以功效取人。**八者游杂**，各以意之所可为准，是以杂而无纪。**故其得者少，所失者多**。但取其同于己，而失其异于己，己不必兼，故失者多。

去观察选取人才。有的观察人的相貌，有的伺察人的动作，有的考察人的经历，有的看人才的拟象，有的看人才的细节，有的怕责人过苛，有的按言语判断人，有的按作为判断人。以上八种标准变换着混杂着使用，因此看准了的少，失误的多。

注释

1 **知人之效**：效，效验、证明、证验。贾谊《治安策》："故疏者必危，亲者必乱，已然之效也。"知人之效，识别人才（是否正确）的证验。

2 **精微**：精深隐微。《礼记·中庸》："故君子尊德性而道问学，致广大而尽精微，极高明而道中庸。"

3 **能神而明**：无所不知，如神之明。神和明也可分开解释。《淮南子·兵略》："见人所不见谓之明，知人之所不知谓之神，神明者先胜者也。"

4 **揆**（kuí）：考察、揣测。

5 **拟象**：拟，比拟。《史记·管晏列传》："管仲富拟于公室。"象，相似、好像。李白《古风五十九首》："额鼻象五岳，扬波喷云雷。"

6 **稽**：考核、考证。

原文

是故必有草创[1]信形之误，或色貌取人而行违。**又有居止[2]变化之谬**。或身在江海，心存魏阙。**故其接遇[3]观人也，随行信名，失其中情**。是以圣人听

译文

初接触一定犯以貌取人的错误，相处既久，又忽略了人有变化的情况。他们交接和观察人物，总是相信对方

言观行,如有所誉,必有所试。**故浅美扬露,则以为有异。**智浅易见,状似异美。**深明沉漠[4],则以为空虚。**智深内明,状似无实。**分别妙理,则以为离娄[5]。**研精至理,状似离娄。**口传甲乙[6],则以为义理。**强指物类,状似有理。**好说是非,则以为臧否[7]。**妄说是非,似明善否。**讲目成名,则以为人物。**强议贤愚,似明人物。**平道政事,则以为国体。**妄论时事,似识国体。**犹听有声之类,名随其音。**七者不能明,物皆随行而为之名,犹听猫音而谓之猫,听雀音而谓之雀,不知二虫竟谓何名也。世之疑惑,皆此类也。是以鲁国儒服者,众人皆谓之儒,立而问之,一人而已。**夫名非实用之不效。**南箕不可以簸扬,北斗不可挹酒浆。**故曰:名犹口进,而实从事退。**众睹形而名之,故用而不验也。**中情之人,名不副实,用之有效。**真智在中,众不能见,故无外名而有内实。**故名由众退,而实从事章,**效立则名章。**此草创之常失也。**浅智无终,深智无始,故众人之察物,常失之于初。

的行为和名声,而忽略了对方的内在的品性。因而把浅薄而好炫耀的人当作奇才,把智深而沉默的人视为空虚。有的人喜欢剖析道理,就以为他有离娄之明。有的人好论等级次第,就以为他深明义理。把好说是非之人,看作能分别善恶的臧否之才。把喜欢品评人物的看作人物。把好议政事的视为国体之才。这好比听见鸟儿发出“布谷”的叫声,便把那鸟儿叫布谷一样。事物的名是否符实,不经实验是不能证明的。所以说:“名”可以由人的口加上去,“实”却被事实所否定。有内才的人,名不副实,一经起用,便见功效。这可以说是:“名”由众人埋没,“实”由事实揭露。这是人们与人初接触常有的失误。

注释

1 **草创:**事情的开始,或开始做的时候。《汉书·外戚恩泽侯表》:“庶事草创,日不暇给。”

2 **居止:**居住、停留,引申为处于某种名义或地位,亦作平时解。

3 **接遇：**接触、交际。

4 **沉漠：**犹沉默。

5 **离娄：**《孟子·离娄上》："孟子曰：离娄之明，公输子之巧，不以规矩，不能成方圆。"离娄，传说为黄帝时人，视力很强，"能视于百步之外，见秋毫之末"。黄帝遗失了宝珠，曾命他去寻找。

6 **甲乙：**指等级、次第。

7 **臧否**(zāng pǐ)**：**评论人物的好坏。诸葛亮《出师表》："陟罚臧否，不宜异同。"

原文

故必待居止，然后识之。视其所止，观其所居，而焉不知。**故居，视其所安。**安其旧者，敦于仁。**达，视其所举。**举刚直者，厚于义。**富，视其所与。**与严壮者，明于礼。**穷，视其所为。**为经术者，勤于智。**贫，视其所取。**取其分者，存于信。**然后乃能知贤否。**行此者贤，反此者否。**此又已试非始相也。**试而知之，岂相也哉。**所以知质，未足以知其略。**略在变通，不可常准。**且天下之人，不可得皆与游处。**故视其外状，可以得一，未足尽知。**或志趣变易，随物而化。**是以世祖失之庞萌，曹公失之董卓。**或未至而悬欲[1]，或已至而易顾，**李轶始专心于光武，终改顾于圣公。**或穷约[2]而力行[3]，或得志**

译文

因此，必须等到人物处于稳定状态才能很好地识别。平日居家过日子，看他满足于什么。得志的时候，看他举荐什么人。富了，看他和什么人交往。不得志的时候看他做些什么事。贫穷时，看他怎样对待钱财。然后就知道他是不是贤人。这又是由实验得到的认识，而不是初见面从外表上看出来的。所以，知道一个人的品德，并不知道他的才略。而且天下之人不可能一个一个都去交游。有的人的志趣随着环境条件改变而发生了变化，有的人的志愿还没有实现正在悬念着，有的人的志愿已经实现了在转换着念头，有的人不得志的时候努力从而从欲[4]。王莽初则布衣折节，卒则穷奢极侈。**此又居止之所失也。**情变如此，谁能定之。**由是论之，能两得其要，是难知之难。**既知其情，又察其变，故非常人之所审。

事，有的人得志以后就纵欲。这又是稳定状态下观察不到的。由此说来，能够把稳定状态和变化条件下两面看人的要点都掌握住，乃是“难知之难”。

注释

1 悬欲：犹悬念、挂念。

2 穷约：穷，贫困、穷乏。《孟子·尽心上》：“穷不失义。”约，节约，引申为贫困。《论语·里仁》：“不仁者，不可以久处约。”（不仁的人不可以长久地居于贫困之中。）

3 力行：努力从事。《礼记·中庸》：“好学近乎知，力行近乎仁。”

4 从欲：从，通“纵”，放纵。《礼记·曲礼上》：“欲不可纵。”

原文

何谓无由得效之难？上材已莫知，已难识知。**或所识者在幼贱之中，未达而丧。**未及进达，其人已丧。**或所识者未拔而先没。**未及拔举，已先没世。**或曲高和寡[1]，唱不见赞。**公叔痤荐商鞅，而魏王不能用。**或身卑力微，言不见亮。**禽息举百里奚，首足皆碎。**或器非时好，不见信贵。**窦后方好黄老，儒者何由见进。**或不在其位，无由得拔。**卞和非因匠，所以抱璞泣。**或在其位以有所屈迫[2]。**何武举公孙禄，而为王氏所推。**是以良材识真，万不一遇也。**材能虽良，当遇知己。知己虽遇，当值明王。三者之遭，

译文

什么叫做无由得效之难呢？人才难以识别，前已说过了。还有你所认识的人才尚在幼年与地位卑微的时候，没来得及起用就死掉了。或者你所认识的人才没等到提拔就去世了。或者你“曲高和寡”，得不到众人的支持。或者你职位卑下力量微小，举荐不受重视。或者才器不合当时好尚，因而不被信任和重用。或者他不在一定的职位上，因而没有可能提拔。或者

万不一会。**须识真在位，识百不一有也**。虽识已真，或不在位。**以位势值可荐致之，宜十不一合也**。识已须在位，智达复须宜。**或明足识真，有所妨夺[3]，不欲贡荐[4]**。虽识辨贤愚而屈于妨夺，故有不欲。**或好贡荐，而不能识真**。在位之人，虽心好贤善，而明不能识。**是故知与不知，相与分乱于总猥[5]之中**。或好贤而不识，或知贤而心妒，故用与不用，同于众总，纷然淆乱。**实知者，患于不得达效**。身无位次，无由效达。**不知者，亦自以为未识**。身虽在位，而不能识。**所谓无由得效之难也。故曰：知人之效，有二难**。是以人主常当运其聪智，广其视听，明扬侧陋，旁求俊乂，举能不避仇雠，拔贤不弃幽隐，然后国家可得而治，功业可得而济也。

虽在其位却遭受压制。所以，良才遇上真正识才者，一万人难得有一个机会。真正识才者又是在位者，一百个被识者难得有一个机会。有地位权势又碰上适于举荐的人才，十个人才不一定有一个机会。有的人的智力能识别真正的人才，可是，因为有妨碍就不想贡荐。有的人虽然喜欢贡荐，却又不能识才。所以，识才者和不识才者，共同存在于错综复杂的现实之中。真能识别人才的，愁的是人才不能被重用并见实效。不能识别人才的，也自以为没有发现人才。这就叫做"无由得效"的困难啊！所以说：要证验对人才的识别是否正确有两大困难。

注释

1 **曲高和寡**：歌曲的格调越高，能够唱和的人就越少。成语出自《楚辞·宋玉对楚王问》："是其曲弥高，其和弥寡。"

2 **屈迫**：委屈和压迫。

3 **妨夺**：妨碍和失误。

4 **贡荐**：即贡举。古时官吏向君主荐举人才。

5 **总猥**：猥(wěi)，琐碎繁杂，众多。总猥，许多事物混杂在一起。

释争第十二

贤善不伐，况小事乎。释忿去争，不荷荣福。

导读

本篇讨论了人才相争相嫉的问题。作者主张抛弃争斗，提倡谦让。他举出历史上若干事例，说明谦让者能够化敌为友，转祸为福；而矜争者却到处树敌构怨，终于身败名裂。文章还深入分析了两种人的心态，得福致祸的原因。最后，根据“物极之反”的辩证道理，说明谦让受益，矜争招损是事物发展的规律，不可逾越。

原文

盖善以不伐[1]为大，为善而自伐其能，众人之所小。**贤以自矜为损**。行贤而去自贤之心，何往而不益哉。**是故舜让于德[2]，而显义登闻[3]。汤降不迟[4]，而圣敬日跻[5]**。彼二帝虽天挺圣德，生而上哲，犹怀劳谦，疾行退下。然后信义登闻，光宅天位。**郤至上人[6]，而抑下滋甚[7]。王叔好争[8]，而终于出奔[9]**。此二大夫矜功陵物，或宗移族灭，或逃祸出奔，由此观之，争让之道，岂不悬欤。**然则卑让降下者，茂进[10]之遂路[11]也**。江海所以为百谷王，以其处下也。**矜奋[12]侵陵[13]者，毁塞之险途**

译文

做了善事而不夸耀就显得高大，贤德因为自夸而受到损害。虞舜因为有退让的美德，他那卓著的义名上达于尧帝。商汤及时贬抑自己，他那圣明的教导一天天光大。晋国大夫郄至总想压倒别人，结果，反而坠落到最下等的地步。周朝王叔陈生喜欢和人争讼，终于逃奔外国。可见，贬抑自己，躬行谦让，是达到兴盛上进的通路。骄

也。兕虎所以攖牢檻，以其性犷噬也。

傲气盛，侵犯欺凌他人，是毁败难行的险途。

注释

1 **伐**：功劳，此处作夸耀（自己的功劳、才能）解。

2 **舜让于德**：语出于《尚书·舜典》："舜让德，弗嗣。"舜让于有德之人，不肯继承先帝之位。舜即传说中的古代贤君虞舜。据说他孝顺父亲瞽叟和后母，友爱后母所生的弟弟象。但是，他们却不喜欢他，多次设计陷害他，他只是退让躲避，孝敬和友爱如故，因此贤名远扬。帝尧年老，下令求贤。天下人都举荐虞舜。尧让位于舜，舜又让位给尧的儿子丹朱，丹朱不成材，天下之人都不接受，仍旧拥护舜。舜举贤任能，为民兴利除害。他年老以后让位给治水有功的大禹。

3 **显义登闻**：显著的德行汇报到上级。登，升，自下而上。闻，报告上级。

4 **汤降不迟**：汤即商汤。降是贬抑。不迟就是及时，汤王及时地贬抑自己。夏桀王暴虐，汤王兴师灭夏。汤王不敢自伐其功，发布了一份文告，就是《尚书》上的《汤诰》，表示严于自责之心。其中有这么一些话："尔有善，朕弗敢蔽。罪当朕躬，弗敢自赦。""万方有罪，在予一人，予一人有罪，无以尔万方。"他又曾刻铭文于沐浴的盘上，就是著名的《盘铭》："苟日新，日日新，又日新。"用以自勉。

5 **圣敬日跻**：与上句"显义"对文，"圣敬"疑为"圣教"之误。儒家称禹、汤、文、武、周公、孔子的教导为圣教。跻(jī)，上升、登上。日跻，一天天上升。

6 **郤(xì)至上人**：郤至，即郤昭子，春秋时晋国的正卿。《国语·晋语》："夫郤昭子，其富半公室，其家半三军，恃其富宠以泰于国，其身尸于朝，其宗灭于绛。"（就说郤昭子吧，他的家私抵得上半个晋国，他的家臣有三军的一半。他凭借富有与尊荣，在国内骄傲放肆。结果，尸体摆在朝廷上示众，他的宗族在绛被杀灭。）

7 **抑下滋甚**：抑下，低下、贬低。滋甚，更加、愈加。

8 **王叔好争**：王叔，即春秋时周王卿士王叔陈生，与卿士伯舆争讼，伯舆理直，王叔不能答辩，逃奔晋国。事见《左传·襄公十年》。

9 **犇**(bēn):同“奔”。

10 **茂进**:兴旺上升。

11 **遂路**:通达的道路。《商君书·算地》:“都邑遂路,足以处其民。”

12 **矜奋**:矜(jīn),自负贤能。矜奋,自以为贤能,刚愎自用。《管子·形势》:“乱主自智也,而不因圣人之虑;矜奋自功,而不因众人之力。”

13 **侵陵**:侵犯欺凌。《史记·五帝本纪》:“炎帝欲侵陵诸侯,诸侯咸归轩辕。”

原文

是以君子举不敢越仪准,志不敢凌轨等,足不苟蹈,常怀退下。内勤己以自济,外谦让以敬惧。独处不敢为非,出门如见大宾。是以怨难不在于身,而荣福通于长久也。外物不见伤,子孙赖以免。彼小人则不然。矜功伐能,好以陵人,初无巨细,心发扬以陵物。是以在前者人害之,矜能奔纵,人情所害。有功者人毁之,恃功骄盈,人情所毁。毁败者人幸之。及其覆败,人情所幸。是故并辔争先[1],而不能相夺。小人竞进,智不相过,并驱争险,更相蹈籍。两顿[2]俱折,而为后者所趋。中道而毙,后者乘之,譬兔殛犬疲,而田父收其功。由是论之,争让之途,其别明矣。君子尚让,故涉万里而途清。小人好争,足未动而路塞。

译文

所以,君子行动不敢超越法度与准则,心意不敢触犯制度和等级,对自己勤于反省,以求进益。对人表示谦让,保持敬惧之心。所以,不致引起怨恨和祸患,而荣耀和福气得以保持长久。那些小人们却不是这样。好夸耀自己的功,吹嘘自己的能,而且喜欢以此压倒别人。所以,当他们居于人前的时候,人家就忌妒他们。他们立了功,人家就诽谤他们。他们遭到失败,人家就幸灾乐祸。当他和同类并驾齐驱,互相争先时,谁也不能胜过谁,结果是两败俱伤,被后来的人得利。由此说来,争和让两条道路,是大有区别的。

注释

1 并辔(pèi)争先:辔,驾驭牲口用的缰绳,比喻车马。并驾齐驱,争夺先后。

2 顿:挫伤、困厄。

原文

然好胜之人,犹谓不然。贪则好胜,虽闻德让与风,意犹昧然,乃云古人让以得,今人让以失,心之所是,起而争之。以在前为速锐,以处后为留滞[1],故行坐汲汲,不暇脂车。以下众为卑屈,以蹑等[2]为异杰,苟矜起等,不羞负乘。以让敌为回辱[3],以陵上为高厉。故赵穿不顾元帅彘子以偏师陷。是故抗奋遂往,不能自反也。譬虎狼食生物,遂有杀人之怒。夫以抗遇贤,必见逊下。相如为廉颇逡巡,两得其利。以抗遇暴,必构敌难。灌夫不为田蚡持下,两得其尤。敌难既构,则是非之理必溷[4]而难明。俱自是而非彼,谁明之耶。溷而难明,则其与自毁何以异哉?两虎共斗,小者死,大者伤,焉得而两全。且人之毁己,皆发怨憾而变生衅[5]也。若本无憾恨,遭事际会,亦不致毁害。必依托于事,饰成端末。凡相毁谤,必因事类而饰成之。其于听者虽不尽信,犹半以为然也。由言有端角,故信之者半。己之校报,亦又如之。复当报谤,为生翅尾。终其所归,亦各有

译文

然而好胜的人,还是不以为然。他以为居于人前是他身手敏捷,以处于人后为呆滞,以对人谦让为卑屈,以逾越等级为不同凡响,以避让对手为屈辱,以陵犯上级为高超。于是,他们就带着一种高傲的态度去处事待人,而不能回头来反省自己。以高傲的态度对待贤人,必然受到贤人的退让。以高傲的态度对待强暴者,必然结成冤仇。一旦结了冤仇,谁是谁非的道理就混淆难明了。弄到混淆难明的地步,那和自我诽谤又有什么两样呢?再说别人来诽谤自己,都是先发泄怨恨而至于制造事端。他一定依托某件事情,然后把它编得有头有尾,这样听他说的人即使不完全相信,也相信一半是真的。自己也按照对方的办法去报

半。信著于远近也。俱有形状，不知其实，是以近远之听，皆半信于此，半信于彼。**然则交气疾争者，为易口而自毁也。**己说人之瑕，人亦说己之秽，虽署人，自取其詈也。**并辞竞说者，为贷手以自殴。**辞忿则力争，己既殴人，人亦殴己，此其为借手以自殴。**为惑缪岂不甚哉！**借手自殴，借口自詈，非惑如何。

复他。最后双方说的，各有一半被人相信是真的而传播开来。这样看来，互相争气斗胜，不过是换一张嘴巴来自我诽谤罢了。唇枪舌剑相争，不过是借别人之手来自殴罢了。这不是太荒谬了吗！

注释

1 **留滞：**停留。《史记·太史公自序》："而太史公留滞周南，不得与从事。"

2 **蹑等：**疑为"躐等"之误，不按次序，逾越等级。《礼记·学记》："幼者听而弗问，学不躐等也。"

3 **回辱：**即屈辱。

4 **溷**(hùn)**：**混浊。

5 **衅**(xìn)**：**缝隙、间隙、灾祸。

原文

然原其所由，岂有躬自厚责，以致变讼[1]者乎？己能自责，人亦自责，两不言竞，变讼何由生哉。**皆由内恕不足，外望不已。**所以争者，由内不能恕己自责，而外望于人不已也。**或怨彼轻我，或疾彼胜己。**是故心争终无休已。**夫我薄而彼轻之，则由我曲而彼直也。**曲而见轻，固其宜矣。**我贤而彼不知。则见轻非我咎也。**亲反伤也，固其宜矣。**若彼贤而处我前，则我德之未至也。**德轻

译文

然而究其缘由，难道有严以责己而引起事端的吗？没有。都是由于推己及人不足，抱怨别人没有尽头而引起的。或者抱怨别人轻视自己，或者妒忌别人胜过自己。应该想一想：如果是我浅薄，人家才轻视我，这是我不好人家是对的嘛！如果我本贤德，人家不了解我，因而轻视我，这不是

在彼，固所宜也。**若德均而彼先我，则我德之近次也。**德均年次，固其常矣。**夫何怨哉？且两贤未别，则能让者为俊矣。**材均而不争优劣，众人善其议。**争俊未别，则用力者为惫矣。**隽等而名未别，众人恶其斗。**是故蔺相如以回车决胜于廉颇[2]，寇恂以不斗取贤于贾复[3]。**此二贤者，知争途不可由，故回车退避，或酒炙迎送，故廉贾肉袒，争尚泯矣。**物势之反，乃君子所谓道也。**龙蛇之蛰以存身，尺蠖之屈以求伸，虫微物耳，尚知蟠屈，况于人乎。

我的过错嘛！若是人家贤德，因而地位超过了我，这是我的德行还不够嘛！若是我和他的德行相等，他的地位超过了我，这说明我的德行与他相近而稍差一点罢了，这又有什么可抱怨的呢？而且两个贤人分不出上下时，那个能谦让的就是更优秀的了。两人相争谁优谁劣不相上下时，那个争得最凶的就是较差的了。所以，蔺相如由于回车退让使廉颇折服。寇恂由于不斗意气获得贾复的尊敬。事物总是走向反面，这就是君子所谓的道啊！

注释

1 **变讼：**变，事变、事故、祸变。讼，争辩，引申为诉讼。

2 此句说的是这样一段历史故事：蔺相如是战国时期赵国大臣，以完璧归赵等功，封为上卿，位居赵国名将廉颇之上。廉颇不服，欲辱相如。相如为国家大局计，常克制忍让。路上望见廉颇，引车避匿，后来廉颇深受感动，于是肉袒负荆，登门谢罪，二人成为刎颈之交，赵国赖以安定。事见《史记·廉颇蔺相如列传》。

3 此句说的是这样一段历史故事：寇恂与贾复二人同为东汉初刘秀之大将。贾复部将杀人，寇恂依法诛之。贾复以为耻辱，扬言将杀寇恂。寇恂效法蔺相如故事，不与相斗。后经刘秀调解，二人结为好友。

原文

是故君子知屈之可以为伸，故含辱而不辞。韩信屈于胯下之辱。**知卑让**

译文

君子知道屈可以转化为伸，所以忍受屈辱而不拒绝。

之可以胜敌，故下之而不疑。展喜犒齐师之谓也。**及其终极，乃转祸而为福，**晋文避楚三舍，而有城濮之勋。**屈仇[1]而为友。**相如下廉颇而为刎颈之交。**使怨仇不延于后嗣，而美名宣于无穷。**子孙荷其荣荫，竹帛纪其高义。**君子之道岂不裕乎？**若偏急好争，则身危当年，何后来之能福。**且君子能受纤微之小嫌，故无变斗之大讼。**大讼起于纤芥，故君子慎其小。**小人不能忍小忿之故，终有赫赫之败辱。**小人以小恶为无伤而不去，故罪大不可解，恶积不可救。**怨在微，而下之，犹可以为谦德也。**怨在纤微，则谦德可以除之。**变在萌，而争之，则祸成而不救矣。**涓涓不息，遂成江河，水漏覆舟，胡可救哉。**是故陈余以张耳之变，卒受离身之害。**[2]思复须臾之忿，忘终身之恶，是以身灭而嗣绝也。**彭宠以朱浮之郄，终有覆亡之祸。**[3]恨督责之小故，违终始之大计，是以宗夷而族覆也。**祸福之机，可不慎哉！**二女争桑，吴楚之难作，季郈斗鸡，鲁国之衅作。可不畏欤，可不畏欤。

知道卑让可以胜过对手，所以屈己尊人而不迟疑。最后，终于能转祸为福，化敌为友，使仇怨不延续到后代子孙身上，而美名传扬于久远。君子之道能说不宽宏吗？再说君子能受细微的小怨，所以不发生剧烈的斗争，小人不能忍细小的怨愤，结果招致巨大的败辱。怨恨不大的时候，让人一步，以谦德就可以化除。事故尚处在萌芽的时候就起来争斗，会促成祸害而不可挽救了。所以，陈余因为张耳由朋友变为敌人，终于受杀身之祸。彭宠因与朱浮发生嫌隙，终遭灭亡之灾。祸福转化的契机，能不慎重对待吗？

注释

1 仇：仇敌。

2 此句说的是这样一段历史故事：张耳与陈余二人都是战国末年魏国著名的游士，相交为同生共死的朋友。秦末陈涉起义，张耳、陈余同投起义军为将军。在与秦军交战中，二人发生间隙，张耳改投刘邦，陈余归赵。井陉之战，张耳佐韩信破赵，斩陈余于泜水上。

3 此句说的是这样一段历史故事：鼓宠，东汉初南阳人。与刘秀为同乡，刘秀率军讨王郎，宠为渔阳太守，发军粮帮助过刘秀。刘秀即皇帝位以后，宠自负有功，而封赏不如意，心怀不平。当时幽州牧朱浮年少，有俊才，为政多有兴革，宠性狠强，不服从朱浮的政令，二人嫌怨积多。朱浮多次向朝廷控告彭宠。彭宠心中怀疑，遂反叛。后来被他的家奴所杀，宗族也遭夷灭。

原文

是故君子之求胜也，以推让为利锐，推让所往，前无坚敌。**以自修为棚橹**[1]，修己以敬，物无害者。**静则闭嘿泯**[2]**之玄门**[3]**，动则由恭顺之通路。**时可以静，则重闭而玄嘿。时可以动，则履正而后进。**是以战胜而争不形，**动静得节，故胜无与争，争不以力，故胜功见耳。**敌服而怨不构。**干戈不用，何怨构之有。**若然者悔吝**[4]**不存于声色，夫何显争之有哉？**色貌犹不动，况力争乎。**彼显争**[5]**者，必自以为贤人，而人以为险诐**[6]**者。**以己为贤，专固自是，是己非人，人得不争乎。**实无险德，则无可毁之义。若信有险德，又何可与讼乎？险而与之讼，是柙兕而撄虎**[7]**，其可乎？怒而害人，亦必矣。《易》曰："险而违者，讼。讼必有众起。"**[8]言险而行违，必起众而成讼矣。《老子》曰：

译文

所以，君子求胜的办法是，以对人推许谦让为攻坚的武器，以自我修养为防御的工具。在退隐的时候保持沉默，与外界隔绝，出仕的时候由恭顺之路前进，因而在无形的斗争中获得胜利，对手心服而不记仇恨。这样做的人，连悔恨之情都不现于声色，怎么会与人力争呢？那种好力争的人，必定是自以为贤、而别人却视为邪恶之人。如果那人实际上并不邪恶，那就没有攻击他的理由。如果他真的邪恶，又怎么可以和他争斗呢？和邪恶之人争斗，好比要去把野牛关起来，又去和老虎搏斗，那样做妥当吗？野牛、老虎发起怒来把人伤害

“夫惟不争，故天下莫能与之争。”[9]以谦让为务者，所往而无争。**是故君子以争途之不可由也。**由于争途者，必覆轮而致祸。

了，结果必定如此。《易经》说：“险而健，讼。讼有孚。”《老子》说：因为他不跟人争，所以天下人没有人争得赢他。因此，君子认为争斗的道路是不行的啊！

注释

1 **棚橹：**棚，战棚。橹(lǔ)，大盾牌。都是作战时防御的战具。

2 **嘿泯：**嘿(mò)，同“默”，闭口不说话。《荀子·不苟》：“君子至德，嘿然而喻。”泯(mǐn)，灭、尽。张衡《思玄赋》：“泯规矩之圆方。”

3 **玄门：**玄，奥妙、微妙。玄门，奥妙之门。《老子》：“玄之又玄，众妙之门。”

4 **悔吝：**悔恨。《周易·系辞上》：“悔吝者，忧虞之象也。”

5 **显争：**犹力争。

6 **险诐：**诐(bì)，偏颇、邪僻。《孟子·公孙丑上》：“诐辞知其所蔽。”险诐，邪恶不止。《诗经·周南·卷耳序》：“内有进贤之志，而无险诐私谒之心。”

7 **柙兕而撄虎：**柙(xiá)，关猛兽的木笼。兕(sì)，野牛。《论语·季氏》：“虎兕出于柙。”撄(yīng)，迫近、触犯。《孟子·尽心下》：“虎负隅莫之敢撄。”柙兕而撄虎，意思是做冒生命危险的事。

8 **《易》曰：“险而违者，讼。讼必有众起。”：**查《周易·讼卦》的原文是：“上刚下险，险而健，讼。讼有孚。”《疏》曰：“犹人意怀险恶，性又刚健，所以讼也。”讼是是非争论，或打官司。“孚”是信的意思。《易》的疏注者认为：“物有不和，性相乖争而致其讼。”讼不是好的事。“若能谦虚退让，与物不竞，即此是闭塞之根源。”不得已非讼不可，必须有信实的理由。本文中的“违”字(繁体是“違”)，可能是“健”字的误写。“众”(繁体是“衆”)字可能是“孚”的误写。

9 **《老子》曰：“夫惟不争，故天下莫能与之争。”：**见于《老子》第六十六章。原文是：“以其不争，故天下莫能与之争。”因为他不跟人争，所以天下没有人能争得赢他。

原文

是以越俗乘高[1]，独行于三等之上。何谓三等？大无功而自矜，一等。空虚自矜，故为下等也。有功而伐之，二等。自伐其能，故为中等。功大而不伐，三等。推功于物，故为上等。愚而好胜，一等。不自量度，故为下等。贤而尚人[2]，二等。自美其能，故为中等。贤而能让，三等。归善于物，故为上等。缓己急人，一等。性不恕人，故为下等。急己急人，二等。褊戾峭刻，故为中等。急己宽人，三等。谨身恕物，故为上等。凡此数者，皆道之奇[3]，物之变也[4]，心不纯一，是为奇变。三变而后得之，故人莫能远也。小人安其下等，何由能及哉。夫唯知道通变[5]者，然后能处之。处上等而不失者也。是故孟之反以不伐[6]，获圣人之誉。不伐其功，美誉自生。管叔以辞赏[7]，受嘉重之赐。不贪其赏，嘉赐自致。夫岂诡遇[8]以求之哉，乃纯德自然之所合也。岂故不伐、辞赏，诡情求名耶。乃至直发于中，自与理会也。彼君子知自损之为益，故功一而美二。自损而行成名立。小人不知自益之为损，故一伐而并

译文

因此要超越世俗之见，站得更高，站在三等的最上一等而独行其是。什么叫“三等”呢？无功而以为了不起，第一等。有功而自己夸耀，第二等。功大而不自夸，第三等。愚妄而好胜，第一等。有贤德而自以为比人高明，第二等。有贤德而能谦让，第三等。对自己宽，对别人严，第一等。对自己严，对别人也严，第二等。对自己严，对别人宽，第三等。这几种最上等的，都是大道的特殊表现，是事物发展变化的结果。必须经过三次变化才能得到，这个规律是人无法背离的。只有明白辩证道理的人，才能达到最上等。孟之反不夸功，得到圣人孔子的称赞。管宁由于拒绝皇帝的赏赐，受到更高的荣誉。难道是他们不依正道追求到的吗？不，是他们纯正的德行符合自然规律的结果。那些君子知道抑制自己是有益的，所以，做一件事得到了德行和名声两种好处。小人们不知道自利的害处，所以，一夸功连德行名声都失掉了。由此说来，不夸功的，倒是夸了功。不争理的，

失。自伐而行毁名丧。**由此论之,则不伐者,伐之也。不争者,争之也。**不伐而名章,不争而理得。**让敌者,胜之也。下众者,上之也。**退让而敌服,谦尊而德光。**君子诚能睹争途之名险,独乘高于玄路,则光晖焕而日新,德声伦于古人矣。**避忿肆之险途,独逍遥于上等,远燕雀于啁啾,匹鸣凤于玄旷,然后德辉耀于来今,清光侔于往代。

反而争得了理。让对手的却胜了对手。尊重别人的是抬高了自己。君子如果能真正看到争途的危险,独自在玄妙的正道上行进,必然光辉焕发,日新月异,道德的名声和古圣先贤并列了。

注释

1 **越俗乘高:**超越世俗之见,站得更高。

2 **尚人:**尚,超过。《论语·里仁》:"好仁者无以尚之。"(爱好仁德的人,那是再好也没有的了。)尚人,超过别人。

3 **道之奇:**道的特殊的表现形式。

4 **物之变也:**事物变化发展的一个阶段。

5 **通变:**《周易·系辞上》:"一阖(合)一辟(开)谓之变,往来不穷谓之通。"

6 **孟之反以不伐:**《论语·雍也》:"孟之反不伐,奔而殿,将入门,策其马曰:'非敢后也,马不进也。'"孟之反是春秋时代鲁国的大夫。孔子说他是个不夸功的人。古代的规矩:打了败仗时,撤退时在最后是光荣的。孟之反撤退时在最后,将要进国门的时候,他一边马上加鞭,一边说道:"并不是我要落在后面,实在是这马不肯快跑啊!"

7 **管叔以辞赏:**管叔就是三国时管宁(158 年—241 年),家住北海朱虚(今山东临朐东南),东汉末年,他避乱到辽东讲学,德行卓绝,贤名远扬。魏文帝征他为太中大夫,魏明帝又征他为光禄卿,皆固辞不受。齐王曹芳又"特具安车蒲轮,束帛加璧"聘请,时管宁已去世。

8 **诡遇:**不循正道以求达到目的。《孟子·滕文公下》:"吾为之范我驰驱,终日不获一。为之诡遇,一朝而获十。"这是驾车的王良对晋国大夫赵简子说的话。他说:我替他(指简子的宠臣奚)按规矩驾车,他打猎一天得不到一只鸟。不按规矩驾车,他一个早晨得到十只。

附 录

阮逸序

人性为之原，而情者性之流也。性发于内，情导于外，而形色随之。故邪正态度，变露莫状，溷而莫睹其真也。惟至哲为能以材观情、索性、寻流、照原，而善恶之迹判矣。圣人没，诸子之言性者各胶一见，以倡惑于后，是俾驰辨斗异者得肆其说，蔓衍天下。故学者莫要其归，而天理几乎熄矣。予好阅古书，于史部中得刘劭《人物志》十二篇，极数万言。其述性品之上下，材质之兼偏，研幽摘微，一贯于道。若度之长短，权之轻重，无铢发蔽也。大抵考诸行事，而约人于中庸之域，诚一家之善志也。由魏至宋历数百载，其用尚晦而鲜有知者。吁，可惜哉！矧虫篆浅技，无益于教者，犹刊镂以行于世。是书也，博而畅，辨而不肆，非众说之流也。王者得之，为知人之龟鉴;士君子得之，为治性修身之檠栝。其效不为小矣，予安得不序而传之？媲夫良金美玉，簏椟一启，而观者必知其宝也。

文宽夫题

右《人物志》三卷、十二篇，魏刘劭撰。案隋唐《经籍志》，篇第皆与今同，列于名家。十六国时，敦煌刘昞重其书，始作注解。然世所传本多谬误。今合官私书校之，去其复重附益之文为定本。内或疑字无书可证者，今据众本皆相承传疑难、辄意改云。劭之叙五行曰："简畅而明砭，火之德也。"遍检书传，无明砭之证。案字书，砭者以石刺病，此外更无他训。然自魏晋以后，转相传写，豕亥之变，莫能究知。不尔则劭当别有异闻，今则亡矣。愚谓明砭都无意义，自东晋诸公草书启字为然。疑为简畅而明启耳。文宽夫题。

宋庠后记

刘卲，字孔才，广平邯郸人也。据今官书《魏志》作勉劭之劭，从力。他本或从邑者，晋邑之名。案字书此二训外无他释，然俱不协孔才之意。《说文》则为劭，音同上，但召旁从耳，训高也。李舟《切韵》训美也，高美又与孔才义符。杨子《法言》曰“周公之才之邵”是也。今俗写《法言》亦作邑旁邵，盖卩阝文近易讹，读者又昧偏傍之别，今定从卲云。建安中为计吏，诣许。太史上言，正旦当日蚀。卲时在尚书令荀彧所，坐者数十人。或云当废朝，或云宜却会。卲曰：“梓慎、裨灶古之良史，犹占水火错失天时。《礼记》曰：‘诸侯旅见天子，及门不得终礼者四，日蚀在一。’然则圣人垂训，不为变豫废朝礼者，或灾消异伏，或推衍谬误也。”彧善其言，敕朝会如旧，日亦不蚀。魏黄初中，为尚书郎、散骑侍郎。受诏集五经群书，以类相从，作《皇览》。后与议郎庾嶷、荀诜等定科令，作《新律》十八篇，著《律略论》。迁散骑常侍。尝作《赵都赋》，明帝美之，诏卲作《许都》《洛都赋》。时外兴军旅，内营宫室，卲作二赋，皆讽谏焉。景初中，受诏为《都官考课》。卲作七十二条，及《略说》一篇。又以谓宜制礼作乐，以移风俗。著《乐论》十四篇。正始中，执经讲学，赐爵关内侯。凡所撰述，《法论》《人物志》之类，百余篇。卒，追赠光禄勋。诏书博求众贤。散骑侍郎夏侯惠上疏，盛称卲才。史臣陈寿亦曰卲“该览学籍，文质周洽”云。

刘昞，字延明，敦煌人也。年十四，就博士郭瑀。瑀弟子五百余人，通经业者八十余人。瑀有女始笄，妙选良偶，有心于昞。遂别设一席，谓弟子曰：“吾有一女，欲觅快女婿，谁坐此席者，吾当婚焉。”昞遂奋坐，神志湛然。曰：“昞其人也。”瑀遂以女妻之。昞后隐居酒泉，不应州郡命，弟子受业者五百余人。李暠据凉州，征为儒林祭酒从事郎。暠好尚文典，书史穿落者，亲自补葺。昞时侍侧，请代其事。暠曰："躬自执者，欲人重此典籍。吾与卿相遇，何异孔明之会玄德。"迁抚夷护军，虽有政务，手不释卷。暠曰："卿注记篇籍，以烛继昼，白日且然，夜可休息。"昞曰："朝闻道，夕死可矣，不知老之将至，孔圣称言。昞何人斯，敢不如此。"昞以三史文繁，著《略记》百三十篇，八十四卷，《敦煌实录》二十卷，《方言》三卷，《靖恭堂铭》一卷，注《周易》《韩子》《人物志》《黄石公三略》，行于世。沮渠蒙逊平酒泉，拜秘书郎，专管注记。筑陆沈观于西苑，躬往礼焉，号玄处先生。学徒数百，月致羊酒。牧犍尊为国师，亲自致拜，命官属以下皆北面为受业。魏太武平凉州，士庶东迁，夙闻其名，拜乐平王从事中郎。后思归，道病卒。

以上并案卲、昞本传，删取其要云。广平宋庠记。

序《人物志》后

余尝三复《人物志》，而窃有感焉。夫人德性资之继成，初未始有异也。而终之相去悬绝者，醇驳较于材，隆污判诸习。曰三品，曰五仪，胥是焉，而贤不肖殊途矣。是以知人之哲，古人难之。言貌而取人者，圣人弗是也。兹刘劭氏之有以志人物也乎。修己者，得之以自观。用人者，持之以照物。乌可废诸？然用舍之际，人材之趋向由之，可弗慎乎？精于择而庸适其能，笃于任而弗贰以私，则真材获用，大猷允升矣。其或偏听眩志，而用不以道，动曰才难。吾恐萧艾弗择，鱼目混珍也。左冯翊王三省识。

重刻《人物志》跋

刘劭《人物志》凡十二篇，辨性质而准之中庸，甄材品以程其职任。事核词章，三代而下，善评人品者，莫或能逾之矣。劭生汉末，乃其著论，体裁缅然，有荀卿、韩非风致，而亹亹自成一家言。即《九征》《八则》之论，质之孔孟观人之法，唐虞九德之旨，自有发所未发者。后世欲辨官论材，恶可以不知也。顾其书获见者少，又脱落难读。大中丞真定梁公，持节钺拊镇中州，熊车所莅，吏称民安，爰觅善本，加订正，刻之宋郡，用以传之，人人授简。属吏旻缀一言一末简。旻得卒业，反复流业篇、国体、器能之说，深有味乎其言之也。今中丞公厉风俗，正天下，谋庙胜，三材允兼，至其振策群吏，惟器所适，靡不奋力展采。兢兢罔敢怠遑，总达众材至矣。异日秉钧当轴，将使官不易方，而太平用成，知人安民之道，拭目身亲见之。劭之志，何幸获酬于公哉。刻成辄忘固陋，僭书识刻之岁月，览者当知言之非佞云。

隆庆六年壬申，仲夏之吉，归德府知府揭阳郑旻谨书。

图书在版编目(CIP)数据

人物志/柏原导读注译．—长沙：岳麓书社，2019.10

(古典名著普及文库)

ISBN 978-7-5538-1149-9

Ⅰ.①人… Ⅱ.①柏… Ⅲ.①人才学—中国—三国时代②《人物志》—译文③《人物志》—注释 Ⅳ.①C96-092

中国版本图书馆CIP数据核字(2019)第108640号

LUNYU

人物志

导读注译：柏 原

责任编辑：周家琛

责任校对：舒 舍

封面设计：罗志义

岳麓书社出版发行

地址：湖南省长沙市爱民路47号

直销电话：0731-88804152 0731-88885616

邮编：410006

岳麓书社网址：www.yueluhistory.com

2019年10月第1版第1次印刷

开本：890mm×1240mm 1/32

印张：5.125

字数：142千字

ISBN 978-7-5538-1149-9

定价：18.00元

承印：湖南众鑫印务有限公司

如有印装质量问题，请与本社印务部联系

电话：0731-88884129